永乐宫三清殿壁画题材试探

王逊 著

浙江人民美术出版社

图书在版编目（CIP）数据

永乐宫三清殿壁画题材试探/王逊著. -- 杭州：浙江人民美术出版社，2025.5. -- ISBN 978-7-5751-0566-8

Ⅰ．K879.414

中国国家版本馆CIP 数据核字第2025449ZA4 号

永乐宫三清殿壁画题材试探
王　逊　著

责任编辑　霍西胜
责任校对　张金辉
责任印制　陈柏荣

出版发行	浙江人民美术出版社
	（杭州市环城北路177号）
经　　销	全国各地新华书店
制　　版	大千时代（杭州）文化传媒有限公司
印　　刷	浙江海虹彩色印务有限公司
版　　次	2025年5月第1版
印　　次	2025年5月第1次印刷
开　　本	787mm×1092mm　1/32
印　　张	5.375
字　　数	112千字
书　　号	ISBN 978-7-5751-0566-8
定　　价	48.00元

如发现印刷装订质量问题，影响阅读，请与出版社营销部（0571-85174821）联系调换。

出版说明

王逊（1915—1969），山东莱阳人。早年就读于清华大学土木工程系，后转入国文系、哲学系，得以师从邓以蛰、冯友兰等学者，形成跨学科研究方法。毕业后，曾在西南联大、云南大学、南开大学及清华大学任教。1952年至中央美术学院任教授，1957年主持创建中央美术学院美术史系，是中国现代高等美术史教育的开拓者和奠基人。

王逊先生曾先后参与了国徽设计、景泰蓝工艺改良及永乐宫壁画研究等，推动传统工艺现代化。他编写的《中国美术史讲义》系统梳理了中国美术发展脉络，涵盖工艺美术、绘画、雕塑等领域，出版后产生了深远影响。

本书收录了王逊先生在壁画研究方面较具有代表性的文章三篇，分别为《永乐宫三清殿壁画题材试探》《敦煌壁画中表现的中古绘画》以及《敦煌壁画和宗教艺术反映生活的问题》，并附录《出土古文物与美术史的研究》一文。

王逊先生曾于1943年受国立敦煌艺术研究院之聘担任设计委员，故他与敦煌艺术研究有着不解之缘。1950年，文化部拟举办"敦煌文物展览"，他便一直参与筹备和布展工作。为了便于观览者更好地了解壁画内容，他还撰写了《敦煌壁画中表现的中古绘画》一文，探讨敦煌壁画中从南北朝到北宋初的中古绘画史。至1955年,他又发表了《敦煌壁画和宗教艺术反映生活的问题》一文,指出"佛教绘画的反映现实生活,因题材、时代性及表现方法而有多种多样差别和各种不同的复杂情况。所表达出来的现实主义的意义是各不相同的"。

1963年,为推动中日邦交正常化进程,中国政府应日方邀请在东京举办永乐宫壁画特展。受文化部委托,王逊先生独立承担了永乐宫壁画386尊神祇的辨识工作。其研究成果以《永乐宫三清殿壁画题材试探》为题,发表于当年的《文物》杂志中。这篇具有开拓性的学术论文构建起元代道教壁画的图像学阐释体系,通过对《朝元图》主神配置、服饰仪轨及宗教象征意义的深入考释,确立了中国道教美术研究的方法论范式。该成果不仅为国内美术史界提供了多学科交叉研究的成功范例;更通过学术交流,使中国古代壁画艺术研究获得了世界范围内的专业认可。

至于附录的《出土古文物与美术史的研究》一文,突出强调考古工作与美术史研究之关系:"我们的遗产的科学整理工作还不过刚开始,尚待从考古及发掘方面获得更多的资料,以补充文献材料和传世的材料的不足,而扩大研究工作的科学基础。"他以河北望都彩绘壁画、山东沂南和福山画像石、四川成都等地画像石和画像砖为例,考其风格表现,辨其技法特点,借以丰富和充实后世对古代美术的认识。他也是国内最早将考古成果用于美术史研究的学者之一。

此次出版《永乐宫三清殿壁画题材试探》一书,所收诸文均据最早发表于期刊杂志上之文本为底本,予以标点整理,并将文章按题材分为上、下两编。同时,为了便于读者阅读,我们随文插配了相关图片。需要特别说明的是,其一,《永乐宫三清殿壁画题材试探》一文,最初发表时曾配有五幅插图,其中一、四、五幅已置换,并插入书中相应位置。而图二、图三,则考虑到排版设计以及阅读便利等因素,保留原来拉页形式,单独附在书后。原文中仍保留"图二""图三"表述,未作改动。其二,因撰写文章年代较早,书中个别表达与现行规范略有出入,且部分地名之行政区划也与今天不同,本书一仍其旧,未作改动,望读者留意。

目 录

上 编

永乐宫三清殿壁画题材试探……………………… 3
 一………………………………………………………… 3
 二………………………………………………………… 7
 三………………………………………………………… 13
 四………………………………………………………… 39
 五………………………………………………………… 41

下 编

敦煌壁画中表现的中古绘画……………………… 55
敦煌壁画和宗教艺术反映生活的问题……………… 71

附 录

出土古文物与美术史的研究……………………… 84

上编

永乐宫三清殿壁画题材试探

永乐宫是我国美术考古的重大发现之一。其中丰富的壁画在我国古代绘画史的发展上有重要地位。而尤以三清殿的壁画为研究在民间绘画传统中居巨大数量的道教绘画提供了极有价值的资料。三清殿壁画的全部内容为各种天神地祇的形象。这些神祇的名目是研究其历史价值和艺术价值所必须首先解决的问题。但由于壁画上没有题榜,所以不能直接加以辨认。[1]现在企图参考一些有关材料,尝试作一初步探讨。道教美术的图像虽然在过去十年中已经积累了一定数量,但还有待整理。更因为个人水平及时间限制,这一尝试中大多属于悬想与臆测,都还需要不断订正和进一步证实;希望各方面研究者的共同努力。

一

三清殿是永乐宫的主殿,殿中供奉道教所谓的"三清"像,原来都有塑像在殿中央台上,早已毁。和三清像相配合的是斗心扇面墙的外面和殿周四壁的壁画。

全部壁画,作一个整体,是《朝元图》。《朝元图》在道教美术中,一如佛教美术中的《说法图》,是一种极为流行的构图形式。

"朝元"即朝谒元始天尊。元始天尊是道教崇拜的最高的

4　永乐宫三清殿壁画题材试探

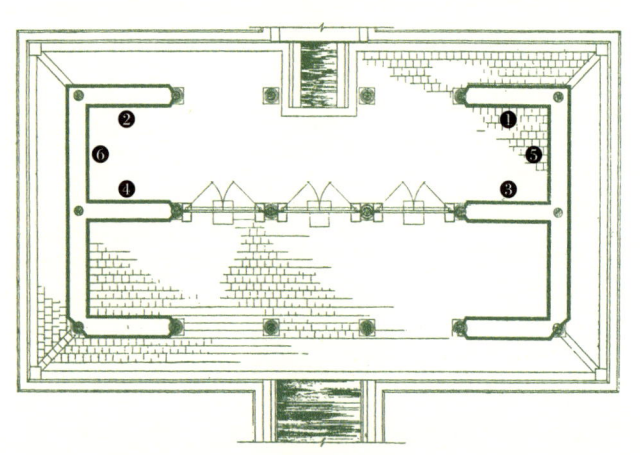

图一a　永乐宫无极门壁画位置示意图
①神荼　②郁垒　③④神将　⑤神吏　⑥城隍、土地

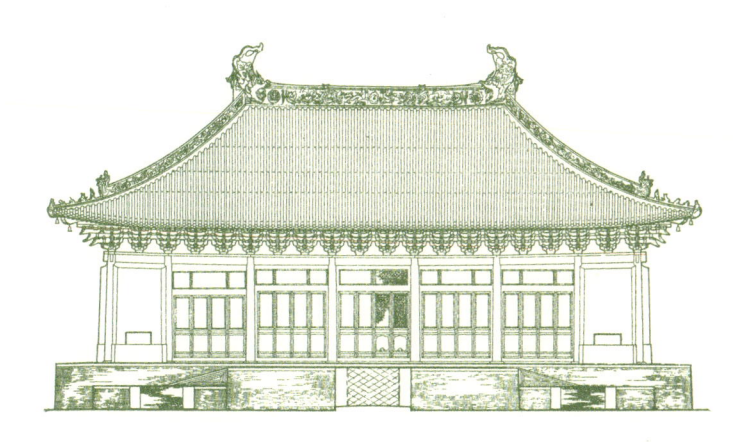

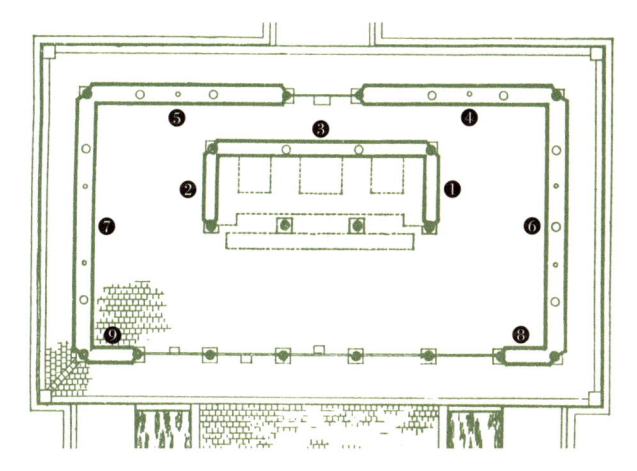

图一b　永乐宫三清殿壁画位置示意图
①Ⅰ南极　②Ⅱ东极　③三十二天帝君　④Ⅲ紫微　⑤Ⅳ勾陈
⑥Ⅴ玉皇、Ⅵ后土　⑦Ⅶ木公、Ⅷ金母　⑧青龙君　⑨白虎君

尊神和最高的权威，一切道经都出自元始天尊，自南北朝以来即如此。道教创立的初期，汉末魏晋天师道开始流行的时期，崇拜天、地、水三官。但在初步建立了体系以后，道教即以元始天尊置于最尊贵的地位。唐代皇室提倡道教，以老子李耳为远祖，而特别抬高了老子在道教中的地位，奉为"玄元皇帝"。在一部分道观中也曾以老子为主神，所以也可以称朝谒玄元皇帝老子为"朝元"。如洛阳北邙山老子庙的壁画也称为《朝元图》。

永乐宫三清殿的主神是"三清"。"三清"是道教的一个基本概念，作为最高的尊神。"三清"是元始天尊、太上道君和太上老君。"三清"之说在唐代已开始流行。如杨钜《翰林学士院旧规》谈到撰拟文字的各种格式中"道门青词例"：

> 谨稽首上启虚无自然元始天尊、太上道君、太上老君、三清圣众、十极灵仙、天地水三官、五岳众官、三十六部众经、三界官属、宫中大法师、一切众灵，臣闻云云。尾云：谨词。（按："宫"字当为"玄"字。）

宋代是道教的庞杂的体系最后形成的时期，宋真宗赵恒统治的时期对于道教的发展尤其起了重要作用。这时编纂的《云笈七签》一书就糅杂了道家教义中各种分歧的说法，并曾尝试加以辩证。从此书中可见当时也企图把"三清"都统一为元始天尊。例如：或把老子说成元始天尊的化身，是代元始天尊在尘世布教，所谓"返俗之教"；或直接贬低老子的地位，"元始天尊实殊老君，岂唯年代差异，亦有位号不同"（《云笈七签》卷三"道教本始部"）。到了宋代以后，"三清"已代替了单独的元始天尊和单独的老子，并以元始天尊为"三清"之主。

在《云笈七签》一书中也可见"三清"的概念已推广到道教教义的各方面。例如："三清"的概念引申到宇宙形成的学说中，认为宇宙之始为一元气，一气分为玄、元、始三气。三气形成三清境：玉清、上清和太清。三清境也称为三天。三天在宇宙天的结构组织中也有位置。

一方面把玉清、上清、太清和元始天尊、太上道君、太上老君相配；而同时又有一说，即认为三清境之上为大罗天，元始天尊居其中。按照后一说，大罗天及三清境之下有四梵天，四梵天之下有三界二十八天，计：欲界六天，色界十八天，无色界四天。四梵天及三界二十八天，共三十二天。天各有一天帝君主之。[2]

"三清"既仍是代表元始天尊，朝"三清"也仍是朝谒元始天尊，所以仍称为"朝元"。在一部分文字记载中，也曾提到"朝会"或"朝真"，但其含义则都相同，而以"朝元"为最

〔元〕佚名 三清图 绢本设色 台北故宫博物院藏

常见。三清殿壁画的天神地祇的群像行列，就是一幅完整的《朝元图》。

二

由于宋元道教的图像，目前还掌握得不充分，我们还不可能完全利用已有的道教图像来和三清殿《朝元图》相印证。可以帮助我们探求此一《朝元图》的诸神祇名目的，主要是依靠文献材料，从这些材料中可以初步确定道教神祇的大致范围，和在几个主要时期的变化，并试图确定有哪些材料有比较直接的关系。

道教在举行祈福禳灾的祈祷活动的斋醮仪式的宗教活动中，或设立神位，或上章降神。记述这些仪式的著作，提供了大量系统的神祇名目。

前引唐杨钜的"道门青词例"列举了一些神祇名目。其后，首先我们注意到五代杜光庭的著作中，介绍了举行仪式时请称法位的祷词。其中所包括的是经过唐至五代时期所积累起来的一套神祇名目，可以认为是时代略早的神祇名目，如：元始天尊、太上道君、太上老君、昊天玉皇上帝、紫微天皇大帝、紫微北极大帝、后土皇地祇、东华、南极、西灵、北真、明皇道君、至真诸君丈人、十方已得道大圣众、上相、上宰、上保、上傅、少保、少傅、四司、五帝、十二仙卿、三十六部尊经玄中大法师、三天大法师、紫微垣、太微垣、少微垣、皇帝本命星、皇太子本命星、三界官属,等等。[3]

道教在北宋时期,经过了三次重要的发展。

北宋初太宗时期道士张守真假借黑杀将军的名义预言太宗赵光义将继承帝位,因而取得了赵光义的信任,修建了上清太平宫,并提出了一套祷祀建坛的仪范。[4]上清太平宫建殿祠祀的诸神,较杜光庭提出的已有很大的改变和扩大。

宋真宗时期是道教发展史上又一重要阶段。这时进行了空前的大规模的道教活动:提高玉皇大帝的地位,制造赵氏先祖"圣祖"赵玄朗的故事,封禅泰山,修建玉清昭应宫、景灵宫等。[5]绘画史上有重要地位的武宗元也就是在此机缘下被吸收到道教美术的创造方面来的。这时王钦若、张君房等进行了道藏的整理和编纂工作。为真宗赵恒燃起道教的狂热,王钦若、丁谓和陈彭年是最有力的人物。他们对道教的崇拜礼祀也有一些新的改动。[6]

他们的新规定中最引起后人非议的是关于圣祖赵玄朗的问题。(参见《云麓漫钞》卷八有关记述宋仁宗景祐元年重新议定"圣祖"的地位。)

这一期间崇祀的神祇名目,代表道教的体系在各方面都已最后完成时期的产物,成为后世通行的道教神祇系统的基础。这些名目在哲宗时道官贾善翔编《太上出家传度仪》中可以见到。在举行祀祷仪式时,焚香供养:三清、玉皇、紫微天皇、紫微北极、后土、圣祖、玄天圣后、三十二天帝君、十神太一、十一曜、天地水三官、南北二斗、四方廿八宿、四圣、三元、玄中大法师、经籍度三师、正一真人、五命储副佐命、三十六洞天、七十二福地、三十六清庐、二十四化、四渎、五湖、四海、九江、地府酆都北帝、宫观里城真官、天曹地府一切威灵等。

我们还可以见到北宋时期一部分关于道教宫观建筑及道教图像的记述。如雍熙元年至八年,修建"东太一宫"十殿四廊所绘五百二十四神像的名目,和见于著录的李公麟《三清图并序》中提到的神祇名目。这些材料都提出了比较系统的神祇的名目。唐、五代、北宋时期著名的道释画家作品的名目,[7]也大致相同,都不出贾善翔提供的材料所列举的范围。

宋徽宗时期出现道教活动又一狂热的高潮,是大家所熟知的。著名的道士林灵素重新制定了醮仪制度,其中对于神祇的名目又加入了新说法,进行了新的规定:

先生被旨修正一黄箓青醮科仪,编排三界圣位,校正丹经子书。

(政和六年,林灵素)删定道史、经箓、灵坛等事。

(《历世真仙体道通鉴》卷五三)

林灵素改订的神祇名目，开封道士宁全真于南渡后传授中又稍有改变，见于《上清灵宝大法》及《灵宝领教济度金书》二书。《上清灵宝大法》卷三九至四〇《散坛设醮品》记述黄箓大斋醮谢真君三百六十分位，曾说明是根据林灵素制订的宣和系统，也说明了主要改动的原因：

> 黄箓大斋醮谢真君三百六十分位，并略述在上卷矣。其班次高下并以罗天醮图及宣和间颁下醮位参考排列，非以世俗私意撰集。如上真名号亦随元来出处及有前后朝廷册上尊号，方敢收用。

下面就谈到了两个主要的改动。一是根据灵宝经增加了"三界五帝大魔王"和"十方飞天神王"。二是不同意林灵素把"五方五灵五老天帝"和五岳合并。因此，可以认为《上清灵宝大法》卷三九至四〇所记黄箓大斋的三百六十分位的仙班名目，如果区别开后添的数量不大的神祇名目，是可以代表宣和年间颁行的一套神祇名目的系统的。

在南宋时期南方地区也曾出现另一更为繁复杂乱的神祇名目系统，为孝宗时显赫的道士留用光所创，见于《无上黄箓大斋立成仪》。《灵宝领教济度金书》中记宁全真传授的另一仙班名目的系统也比较复杂，显然与宣和系统差别较大。

《上清灵宝大法》卷三九至四〇中保存了宣和系统的三百六十分位名目。同书中还有一百六十分位的简化名目，包括了主要神祇。由三百六十分位及一百六十分位两套名目，可以看到宣和系统的神祇，大致是如下几组（该书声明后增的五方玉帝，魔王、神王等除外）：

1）三清；

2）六天帝君及二帝后；

3）三十二天帝；

4）十太乙；

5）日、月及诸星宿；

6）三官；

7）四圣；

8）历代传经著名法师；

9）三元；

10）五岳及诸山神；

11）扶桑大帝及水府诸神；

12）酆都大帝及所属诸神；

13）天枢院、驱邪院、雷府等部主宰及所属诸神；

14）各种功曹、使者、金童、玉女、香官、吏役等；

15）城隍、土地及以上各种神祇所属兵马。

此一宣和系统是值得注意的。它是道教的体系最后形成时期不断修订的结果。道教在唐玄宗,借助政治势力大大活跃起来,之后,宋太宗、真宗和徽宗三朝是道教发展史上的重要时期,《道藏》的编订整理,宫观制度、醮仪、图像等都是这一时期统一起来,并建立了完整的规模。神祇名目的系统此后没有根本的变化。除了有些部分神祇数目陆续增加,更为烦琐;有些个别的神祇在某些时期,因特殊原因,受到特别的重视,例如明永乐以后之于真武。此一宣和时期颁行的神祇名目系统是我们探讨三清殿《朝元图》诸神祇名目的主要依据。

此一宣和系统和永乐宫三清殿壁画《朝元图》相比较,可以看出,主要的神祇相符。但三清殿壁画也加入了全真教的一些特殊因素。全真教重修真,不重符箓斋醮。马丹阳曾有着明白表示:"予乃无为清净士,未尝趁醮和天尊,不会登坛行法事。行法事,请黄冠,洁己登坛作内观。予应加持处环堵,默祷本师天仙官。天仙官,重阳也。……"(《洞玄金玉集》卷六《发叹歌》)但王重阳、马丹阳也同样作斋醮。丘处机作斋醮的次数更多。丘处机临葬,设灵宝清醮三百六十分位,更是极为隆重的一次。虽然如此,全真教注重的不在于此,对于斋醮制度方面没有大的改革。金元时期,全真盛行于北方,宣和旧制仍继续保持下来,未曾出现像江南地区日益纷杂的现象。

三

三清殿《朝元图》神祇的名目及其位置见图二、三及说明，现在试加说明。

一、《朝元图》中有八个主象，尺寸较大，作冕旒帝王装，都在构图的主要地位上。他们是：

Ⅰ 南极长生大帝（简称：南极）；

Ⅱ 东极青华太乙救苦天尊（简称：东极）；

Ⅲ 中宫紫微北极大帝（简称：紫微）；

Ⅳ 勾陈星宫天皇大帝（简称：勾陈）；

Ⅴ 太上昊天玉皇上帝（简称：玉皇）；

Ⅵ 后土皇地祇（简称：后土）；

Ⅶ 东华上相木公青童道君（简称：木公）；

Ⅷ 白玉龟台九灵太真金母元君（简称：金母）。

三清殿东山墙壁画中的帝后像假定为Ⅴ玉皇和Ⅵ后土。玉皇的名目在唐代已经出现。宋真宗时为了玉皇的名义捧出圣祖赵玄朗，特别抬高了玉皇的地位。《宋史》卷一〇四《礼志》："帝于大中祥符五年十月语辅臣曰：'朕梦先降神人，传玉皇之命云：先令汝祖赵某授汝天书，令再见汝，如唐朝恭奉玄元皇帝。……'"宋真宗赵恒后来一系列道教活动都是把玉皇和圣祖赵玄朗摆在前面。但同时，早已有传统的昊天上帝，

南极（上）与东极（下）

永乐宫三清殿壁画题材试探 17

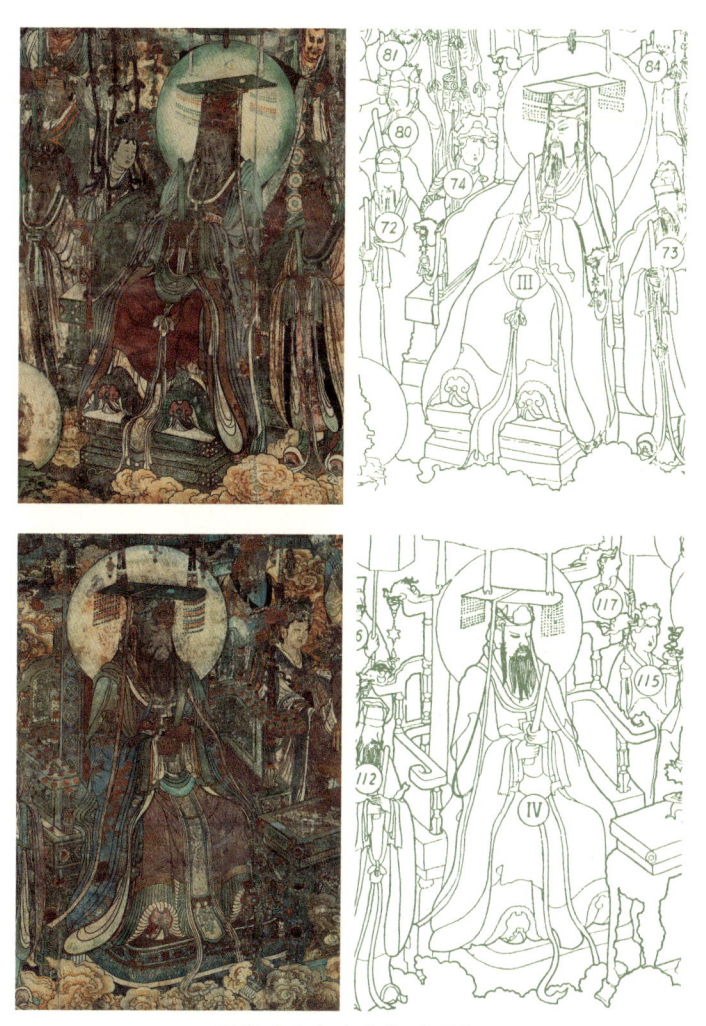

紫微（上）与勾陈（下）

18 　永乐宫三清殿壁画题材试探

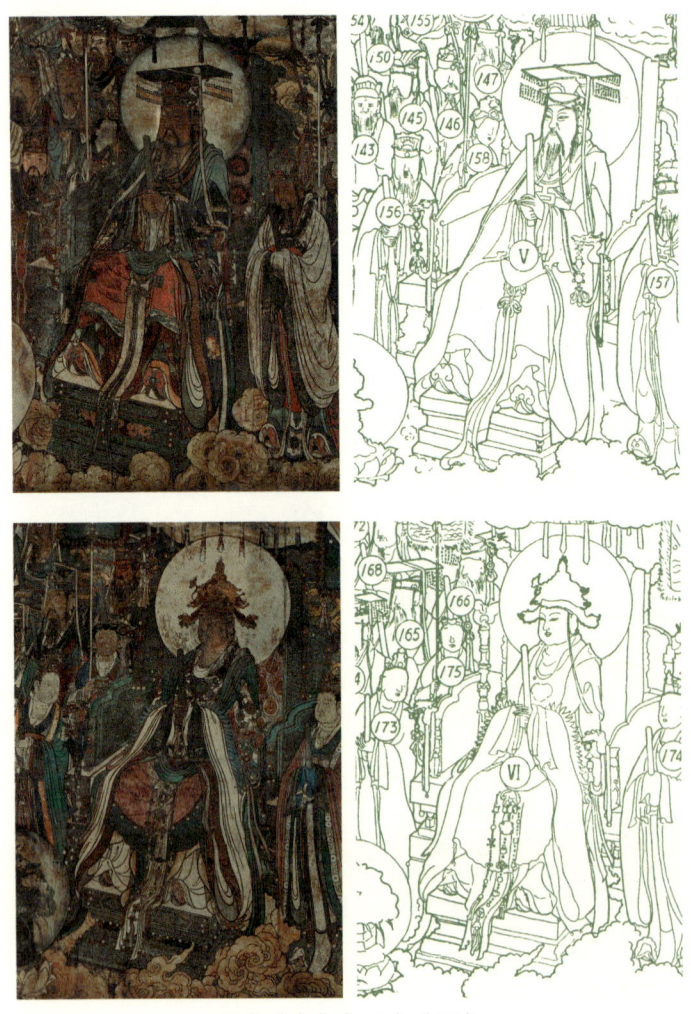

玉皇（上）与后土（下）

永乐宫三清殿壁画题材试探　19

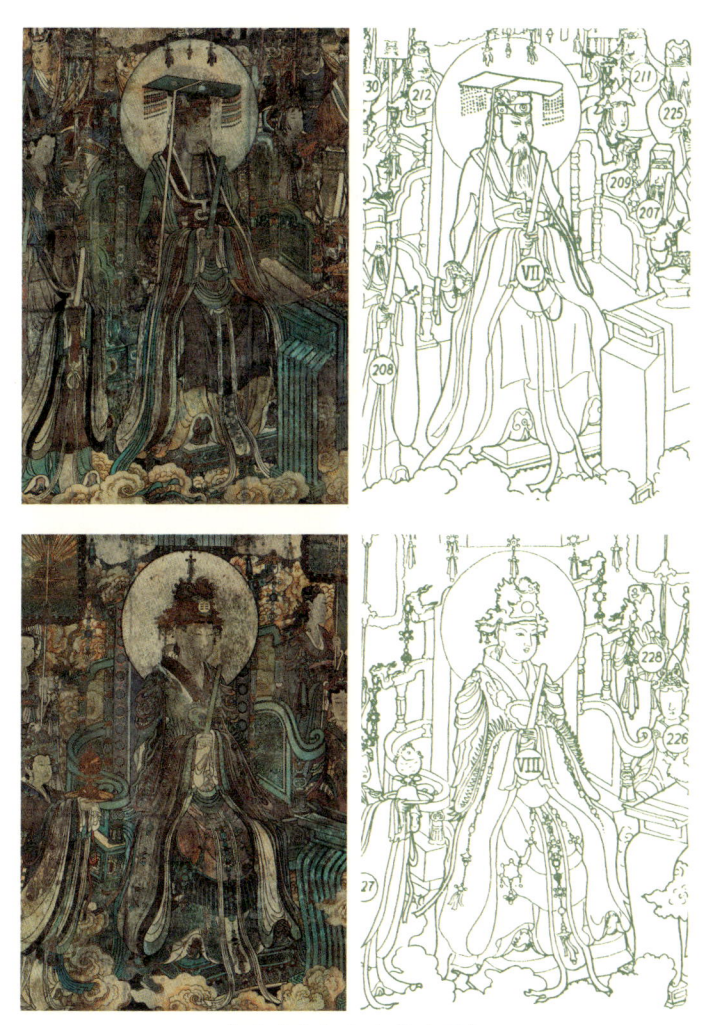

木公（上）与金母（下）

作为天地间的尊神。徽宗政和六年（1116），上了十二字的尊号，并把两者统一起来，合称"昊天玉皇上帝"，"盖以论者析玉皇大天帝、昊天上帝，言之不能致一，故也"。同时关于后土"又诏以王者父天母地，乃者只率万邦黎庶，强为之名。以玉册玉宝昭告上帝，而地祇未有称谓，谨上徽号曰……"。

后土在古代为男像或为女像。唐代武则天以前已出现女像。[8]宋真宗潘皇后曾在嵩山建殿，奉"后土玄天大圣后"像。宋徽宗这一诏文中也是把后土作为女神的。因此，三清殿东山墙壁画中的女像乃假定为后土。

后檐墙（北墙）上的二主像是Ⅲ紫微和Ⅳ勾陈。北墙上的形象大多是与星宿有关（见后），而这两个天帝君也正是代表天象，都与北极有关。

北极附近，三十几度以内的星宿常年可见，在我国天文学上列为紫微垣，古代迷信中则认为是最可敬的。《史记·天官书》区别之为"中官"，后来因文字错讹，误为"中宫"。北极不坠、不动，象征着永恒，用封建主义的看法，这就代表着帝王。所以就把北极（赤极）所在的一颗星（β UMi）称之为"帝星"。这是约三千年以前观察的结果，那时未能观察到黄极（地球公转轴线所指）和赤极（地球自转的轴线所指）的区别。魏晋时期发现了赤极移动的现象，在天文历算方面创岁差之法。勾陈（α UMi）是后世用以代表北极（赤极）的一颗星，同时也取得了最尊崇的地位。所以在道教中便出现了紫微和勾陈两个大帝。勾陈天皇大帝也可称为"紫微天皇大帝"。而两者的地位，勾陈常置于紫微之前。[9]

西山墙的帝后，Ⅶ木公和Ⅷ金母，是此宣和神祇系统的一个特点。木公是从真宗时期尚流行的四天帝君之一的东华天帝君分化出来的。徽宗时期经林灵素的鼓吹，东华帝君更有突出的地位。

金母即古代神话传说中的西王母。五代杜光庭《墉城集仙录》称："西王母者九灵太妙龟山金母也。一号'太灵九光龟台金母'，亦号曰'金母元君'。"金母和东华木公相配。西王母虽然在五代道教中有其地位，但抬高到和天帝君并列，则正是宣和神祇系统重视东华天帝君这一特点的又一表现。

对东华天帝君的重视也是全真教的一个特点。全真教以东华天帝君为教主。同时，全真教也有吕洞宾谒西王母的传说，"昔谒金母于龟台"（《有唐吕真人祠堂记》，金兴定六年，即1222年）。比较了目前所见到的一部分文献材料，西王母，以金母的名义重现于仅次于三清的道教诸尊神之列，除《上清灵宝大法》和三清殿壁画以外，是前所未有的。

Ⅰ南极长生大帝和Ⅱ东极青华太乙救苦天尊，见于殿中央扇面墙的东西外面。东极也是东华大帝君分化的结果，这二者也正是林灵素所特别提倡的。（见《宋史》卷四六二《方

玉皇座前的七宝炉 　　　　　　后土座前的金莲

木公面前案上的三光 　　　　　金母面前案上的玉华

技下·林灵素传》；陆游《家世旧闻》。）

在整个殿堂的壁画统一设计中，他们在三清的周围，是安排在一个尊贵的地位。如果三清殿壁画中这两个帝君的位置能得到进一步地证实，这也是一个值得注意的现象。在他们身后分别跟随了十六个天帝君，共三十二天帝君（图三：24—55），是三十二天的主宰。由于缺少各别的特征，不可能一一辨识。[10]

与八主像有关的又一有趣的现象值得注意。在东西两山墙，两对帝后面前各有一珍异陈设：

Ⅴ 玉皇座前——七宝炉；

Ⅵ 后土座前——金莲；

Ⅶ 木公面前案上——三光；

Ⅷ 金母面前案上——玉华。

这正符合王重阳开创全真教时五会之中四会的名称。五会是文登七宝会、宁海金莲会、福山三光会、蓬莱玉华会、掖县平等会。《重阳教化集·三州五会化缘榜》：

> 窃以平等者道德之祖、清静之元首。……平等为玉花、金莲之根本，作三光、七宝之宗源。……

《金莲正宗记》记述王重阳悟道之始，即见到金莲的幻

永乐宫三清殿壁画中的莲花元素

象。因而记述全真教道统之书称为《金莲正宗记》。王重阳诗词中有关这四个形象之例：

上元佳致真堪看，更片片行云散。现出天如青玉案，放开心月，慧灯明照，两耀交光灿。
毵装七宝玲珑焕，把性烛当中按，一对金童呈手段，琼杆推转，顺风归去，衮入那蓬莱观。(《重阳全真集·青玉案》)

劝君莫恋有中无，无无休失无中有。有有养出玉花头，头头结取金莲首。(《重阳全真集·玉花金连社》)

金莲、玉花、琼蕊等是王重阳宣传他的教义的诗词中最常用的形象比喻。壁画中描绘得也很清楚。Ⅴ玉皇座前是"毵装七宝"，Ⅶ木公案上正是"把性烛当中按"。

此外，慧灯和蓬莱也是王重阳常用的比喻，推测北墙Ⅲ紫微面前的是蓬莱或香山，Ⅳ勾陈面前的是慧灯。王重阳也曾立"香山会"，有诗云："……云霞里上真唯到，香山会聚，发琼言阐道。同归去，长住三岛。"(《重阳全真集》)

金莲、玉花等是三清殿《朝元图》中又一明显的全真教因素。

二、玄元十子(图三:9—13、19—23)

在Ⅰ南极和Ⅱ东极二像之旁,除了侍从的男女形象之外,各有五个道装人物9—13,19—23。冠服都极尊贵,是在道教中有地位但未成为仙官的古代有道之士。全真教有玄元十

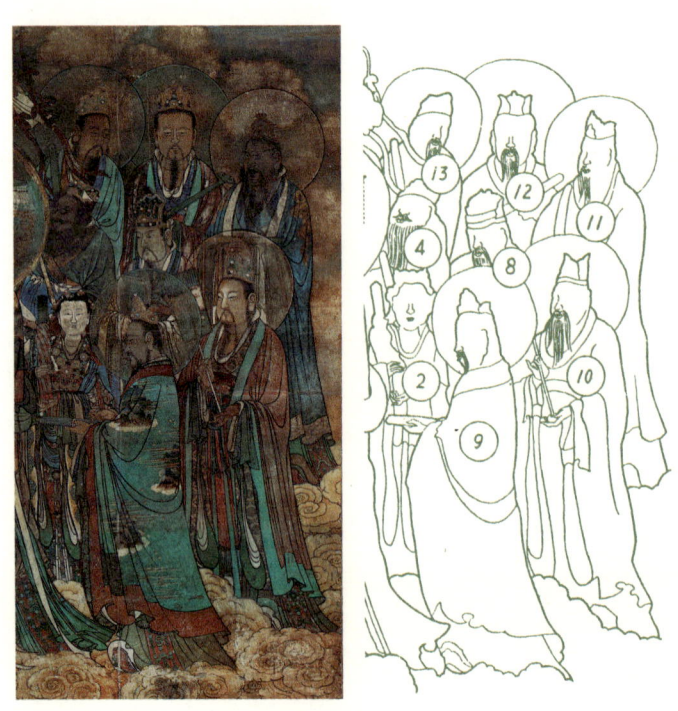

玄元十子之一(9—13)

子之说，被认为是追随老子的十个古代思想家：关尹子、辛文子、庚桑子、南荣子、尹文子、士成子、崔瞿子、柏矩子、列子和庄子。其中关尹、辛文、尹文、列、庄的著作都有流传，属于战国时期道家一派。而庚桑、南荣、士成、崔瞿、柏矩见

玄元十子之一（19—23）

28　永乐宫三清殿壁画题材试探

〔元〕华祖立《玄门十子图》 纸本设色 上海博物馆藏

于庄子书中，多少是寓言式的人物。唐代曾以列子、庄子配享老子，就有不同于一般神祇的地位，宣和元年又加封一次。（《宋史》卷二二《徽宗本纪》）玄元十子在全真教中也有特殊的位置，所以置于南极和东极之侧。[11]玄元十子之说不见于全真以前，19一像手执莲花，也是全真的特点。至于9—13，19—23十像各相当于玄元十子的哪一个，因缺乏更具体的材料，不能确定。

三、历代传经法师（图二：57—59，图三：101—103）

后檐墙左右两半前段各有三个道装人物，冠服也比较华贵。杜光庭以来有关醮仪的材料中都可见有一部分历史传经的法师受到特殊的重视。《上清灵宝大法》列举的人数较多，共五个名目七个人：

1. 玄中大法师；

2. 三天扶教辅元大法师；

3. 灵宝经籍度三师；

4. 太极左仙翁冲应真君；

5. 九州都仙太史高明大使神功妙济真君。

这五个名目七个人之中，除玄中大法师有待探讨外，其他四个名目六个人是：

2. 张道陵；

3. 田虚应（经师）、冯惟乐（籍师）、应夷节（度师）；

4. 葛玄；

5. 许逊。

其中东汉的张道陵、三国西晋的葛玄、许逊都是道教史上的著名人物，尤是传灵宝经的最早的人物。《上清灵宝大

历代传经法师之一（57—59）

历代传经法师之二（101—103）

法》中是用徽宗时期加给他们的封号。[12]

　　田、冯、应三人是晚唐五代时期天台山的道士。三人先后相承建立了天台山灵宝一系的传统，这一时期在江南地区的著名道士，如杜光庭、闾丘方远、聂师道等人都出其门。[13]

　　玄中大法师为何人，曾待考。《历代真仙体道通鉴》列在二卷第一人，只指为全部道经的传授者。这一点和杜光庭称之为"三十六部尊经玄中大法师"相合，而别无具体姓氏及生平的说明，可见在元代也已不清楚。同书又记北周韦节受北周武帝封号为玄中大法师，但韦节在后世道教流传上没有获得突出的地位。这里的玄中大法师不可能是韦节。[14]

这七个人中，壁画上表现的是哪六个，还有待研究。甚至不在此范围，也是可能的。

四、北斗诸星（图二：56，60—71）和南斗（图三：104—109）。

60—66为北斗七星。67、68为左辅、右弼。69—71为三台（虚精、六淳、曲生）。北斗及三台都作道装，辅、弼为"宰辅"。这些服饰上的特点和时期较早的《太上助国救民总真秘要》卷二（元妙宗编，政和六年）和较晚的《太上玄灵北斗本命延生真经注解》（崆峒山玄元真人注解，时代不明，已编入《正统道藏》）的记载相符。后一书中并有附图，亦同。

这一组形象中，北斗七星60—66具有明显的特征：道装，年轻无须，衣青色。北斗七真作道装普遍见于各种记载。衣青色，因象征北方。右玉宝宁寺水陆画左第二十五幅即作青色道装。北斗七星年轻无须，因他们是紫光夫人的七个幼子，两个长兄即勾陈及紫微二帝。（《北斗本命经》）北斗又有化为七童的说法。（《云笈七签》卷二五《七童卧斗法》。）

《右玉宝宁寺水陆画》左第二十五幅局部

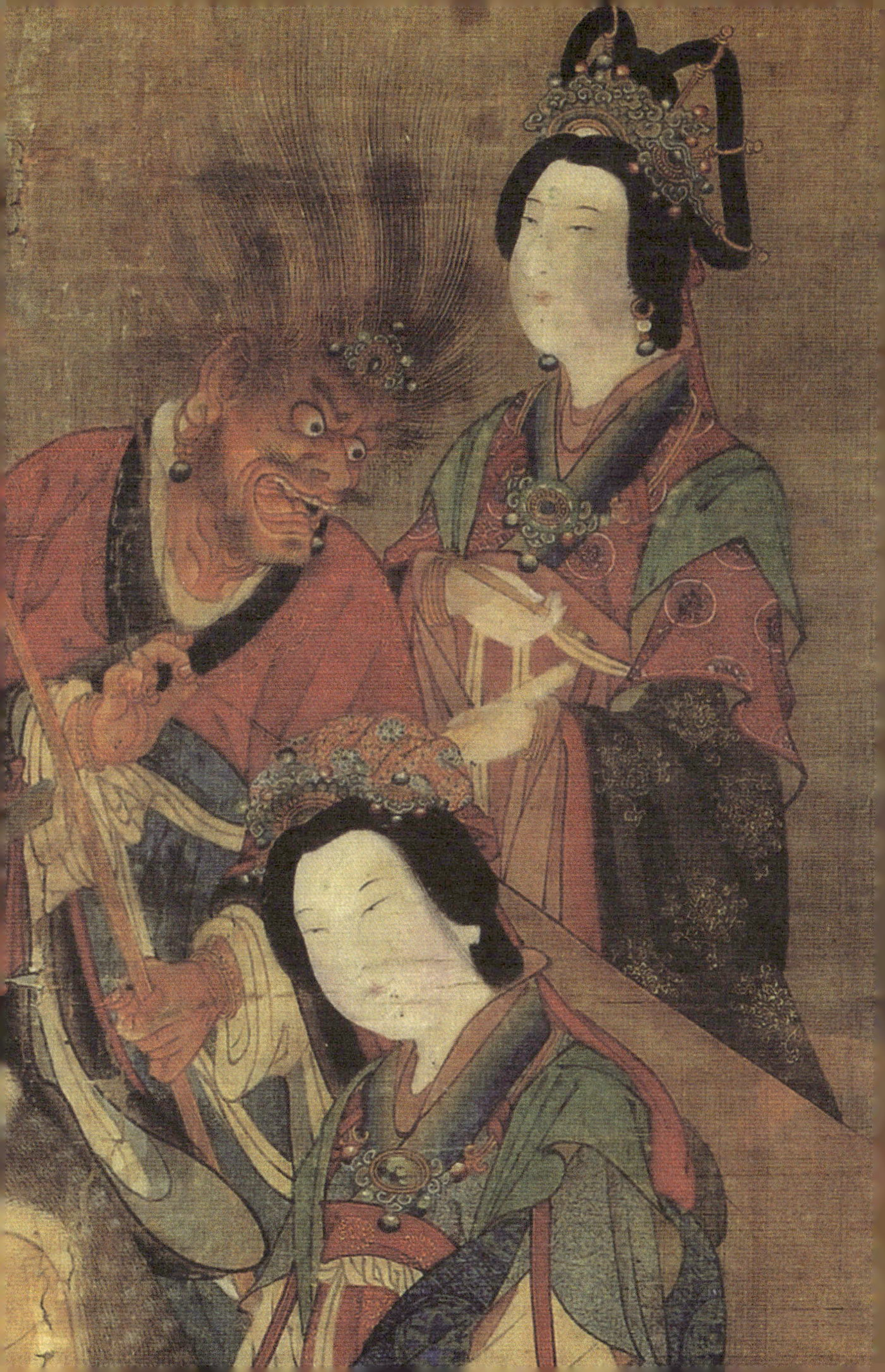

永乐宫壁画之北斗诸星

永乐宫三清殿壁画题材试探　37

壁画白描稿之北斗诸星（60—71）

南斗（104—109）

　　《太上助国救民总真秘要》卷二引《上清北极天心正法斗下灵文符咒》记述了北斗、辅弼及三台诸形象的特点，同时作为这同一组的又一形象是"天罡大圣"，并且说明"乃七元之领袖，身长百尺"，为武将装束。从壁画上看，56的位置关系与之相当，但此记载中描述为"披发、左手叉腰、右手仗剑，跣足"，与黑杀将军及真武相同。壁画中56一像经后世补绘，

《总真秘要》一书编定于政和年间，黑杀、真武尚难区别的时期，凡此原因都可能造成壁画和文献两者的不一致。目前假定56为天罡大圣，有待进一步证实。

104—109南斗六星与60—66北斗七星在相对称的位置上，因而定为南斗六星，数目也相符。

五、日、月、五星及四曜（图二：90—100）

Ⅲ 紫微大帝身后有头上具圆光、手执笏版、作帝后装扮的一对男女立像。90男像当为日神，冠上有金色的太阳为饰。91女像为月，像冠上有白色的月亮为饰。在他们身后是五星。

五星，在我国古代天文历法学中称为：岁星、镇星、太白、辰星和荧惑。唐代开始流行的名称，按照上面的顺序是木星、土星、金星、水星和火星。五星又称五曜，和日、月可以合称七曜。若再加上罗睺（或称蚀星）和计都（或称彗星）则称为九曜。唐代以后，若不计日、月，再加上月孛和紫炁也可以称为九曜。全部也称为十一曜。罗睺等四曜是西域历法中用以指不同的天像。日月和九曜在域外历法中认为它们在不同的日子里可以分别为祟。因而在日常生活中，必须按照不同的日子不断有各种禁忌。唐代开始，在中国历法中也增添了这一部分。

五星都有明显的特征：92木星是文官形象，手执果盘；他的左侧是93土星，作老者的侧影，左手执金印，头上饰以

永乐宫壁画之日、月、五星及四曜

壁画白描线稿之日、月、五星及四曜（90—100）

牛头；木星身后是95金星，作女像，抱琵琶；金星的右侧是94水星，也作女像，左手执札，右手执笔，头上饰以蹲坐的猿猴；金星左后侧是96火星，作武将形象，执兵刃，头上有一驴头为饰。这些形象的特征，在唐代开元年间为了改革历法而编译的域外经典中都有描述。如西天竺婆罗门金俱叱撰集的《七曜攘灾法》卷中：

> 金，其神是女人，着黄衣，头戴鸡冠，手弹琵琶。
> 木，其神如老人，着青衣，带猪冠，容貌俨然。
> 水，其神女人，着青衣，猴冠，手执文卷。
> （火曜）其神作铜牙赤色貌，带嗔色，驴冠，着豹皮裙，四臂，一手执弓，一手执箭，一手执刀。
> 土，其神似婆罗门，色黑，头带牛冠，一手挂杖，一手指前。"

又如僧一行译《梵天火罗九曜》：

> 土宿……其形如婆罗门，牛冠首，手执锡杖。
> （水星）其神状妇人，头戴猿冠，手执纸笔。
> （金星）形如女人，头戴酉冠，白练衣，弹弦。（按：酉即鸡。）

（火星）神形如外道，头戴驴冠，四手兵器刀刃。

（木星）其神形若卿相，着青衣，戴亥冠，手执华果。（按：亥即猪。）

三清殿壁画中土星形象和以上的描述不同，不作婆罗门，而处理成年老隐士型人物，这当是为了适应群众的理解，而做的改变。但在用意上还是一致的。

在五星上方，金、水二星身后为97文官装扮的紫炁。水星右后侧98颈上盘蛇、黑脸披发是月孛。他们身后有两个面目狰狞的武将，是99罗睺和100计都，罗睺执剑。他们的基本特征也和上述经典一致。

在道教经典中也是到类似的描写。《上清十一大曜灯仪》对于这些星宿的形象曾加以赞颂，如太阳是"茗奉于君"；太阴是"象俟后德"；木星是"果玩蟠桃"；火星是"剑戟之兼持，弧矢之在御"；金星是"常御四弦之乐，旁观五德之禽"（上半句按琵琶，下半句指鸡）；水星是"立木猴而捧砚，执素卷以抽毫"；土星是"带剑伏牛，杖锡持印"；罗睺是"身御飞龙，手执宝剑"；计都是"怒摧山狱，怪出龙蛇"。

六、廿八宿诸星（图二、三，76—89，118—125，126—131）

廿八宿是大体上在赤道附近廿八组星宿，比较明显，易

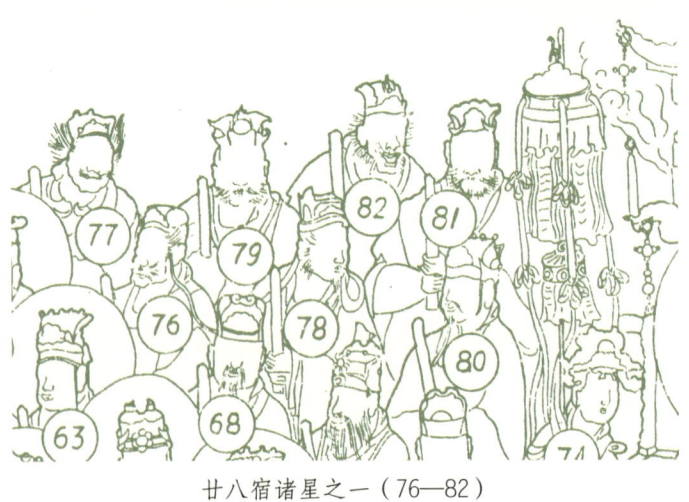

廿八宿诸星之一（76—82）

廿八宿诸星之二（83—89）

廿八宿诸星之三（126—131）

永乐宫三清殿壁画题材试探 47

廿八宿诸星之四（118—125）

于辨认。廿八宿代表星空二十八个区域，是参照月亮每一天的位置规定的。廿八宿和北斗在中国古代天文历算方面很重要，在道教中也成为崇拜的对象。

三清殿壁画中廿八宿的形象都有较明显的标志。在古代，廿八宿各以一种动物为代表。这些动物就成为区别廿八宿的标志。三清殿后檐墙壁画上方分为四组排列的廿八宿，其中二十一个在冠上有圆饰，其中画有不同的动物形象，除了极个别的以外，都很清晰，特征明确，易于确定。另外七个是结合了动物形象特征，进行了脸型的变形。这一手法在艺术表现上是比较有力的，但在辨识其动物特征时则不够具体。经过比较，初步加以区别，这七个星宿：轸宿（蚓）与翼宿（蛇），尾宿（虎）与箕宿（豹），觜宿（猴）与参宿（猿），娄宿（狗），都还有重新斟酌的余地。

现在按照壁画的四组，廿八宿列如下表，星宿名称后附以作为标志的动物及其在二十八宿所处的方位及顺序：

图号	神像编号	星宿名称	动物标志	方位	廿八宿的顺序次第
二	76	翼	蛇	南	廿七
二	77	轸	蚓	南	廿八
二	78	娄	狗	西	十六
二	79	房	兔	东	四
二	80	心	狐	东	五

永乐宫三清殿壁画题材试探 49

图号	神像编号	星宿名称	动物标志	方位	廿八宿的顺序次第
二	81	尾	虎	东	六
二	82	箕	豹	东	七
二	83	壁	貐（野猪）	北	十四
二	84	奎	狼	西	十五
二	85	胃	雉	西	十七
二	86	昂	鸡	西	十八
二	87	觜	猴	西	二十
二	88	参	猿	西	廿一
二	89	井	犴	南	廿二
三	118	斗	蟹	北	八
三	119	牛	牛	北	九
三	120	女	蝠	北	十
三	121	虚	鼠	北	十一
三	122	危	燕	北	十二
三	123	室	猪	北	十三
三	124	毕	鸟	西	十九
三	125	鬼	羊	南	廿三
三	126	角	蛟	东	一
三	127	亢	龙	东	二
三	128	氐	貉	东	三
三	129	柳	獐	南	廿四
三	130	星	马	南	廿五
三	131	张	鹿	南	廿六

七、天地水三官（图三：132—134）

天、地、水三官是道教形成的初期，汉末三国时期天师道所尊崇的三个最重要的神祇。六朝时期，抬出了元始天尊，三官的地位相对地降低了，但一直有其重要位置。至今流行的三官图象有两种形式。一种是分别画成乘车与有众多侍从的景像。三官也称三元。上元天官乘凤车，中元地官乘步辇，下元水官乘龙车。又一种形式，即无车舆，无侍从，三官的区别主要在容貌的刻画上。壁画中132—134的表现即属于这一种。天官作喜相，端庄雍容；地官严重刚毅；水官作怒相，容貌怪异而威猛。三官的冠服和仪度都表现了较高的阶位。[15]

天地水三官（132—134）

八、四圣及其部从（图二：141、142，143—155，图三：204、205）

四圣：天蓬大元帅、天猷副元帅、翊圣黑杀将军、佑圣真武是紫微北极大帝的四将，也笼统地称"天之四将"。四圣在宋代是道教神祇中极为显赫的。南宋高宗赵构的母亲韦氏，认为赵构之免于被俘是由于四圣的保佑，就是由于她长期虔诚礼拜的结果。所以在她被释南归以后，在临安建立四圣延祥观，大加提倡。[16]但是四圣之显赫，原因还不只此。

141天蓬和204天猷都是面容狞恶，戎装手执兵刃。其区别是141天蓬执"三天火印"，及"帝锤"（即钟）。[17]天蓬和天猷在唐代已为人所知。杜光庭的《道教灵验记》中有三条是关于天蓬咒及天蓬印的。"刘载之诵天蓬咒"条："太帝是北斗之中，紫微上宫玄卿太帝君也，上理斗极，下统酆都。阴境帝君乃太帝所部。天蓬上将即太帝之元帅也。"

天蓬是正元帅，天猷为副，所以天蓬声名更著。

142是翊圣黑杀将军，205是佑圣真武。两者都是披发、仗剑、跣足。翊圣黑杀将军的特点应该是：

> 神人控玉虬，黑衣横巨剑，被发凛双眸。（苏轼《上清太平宫诗》）

52　永乐宫三清殿壁画题材试探

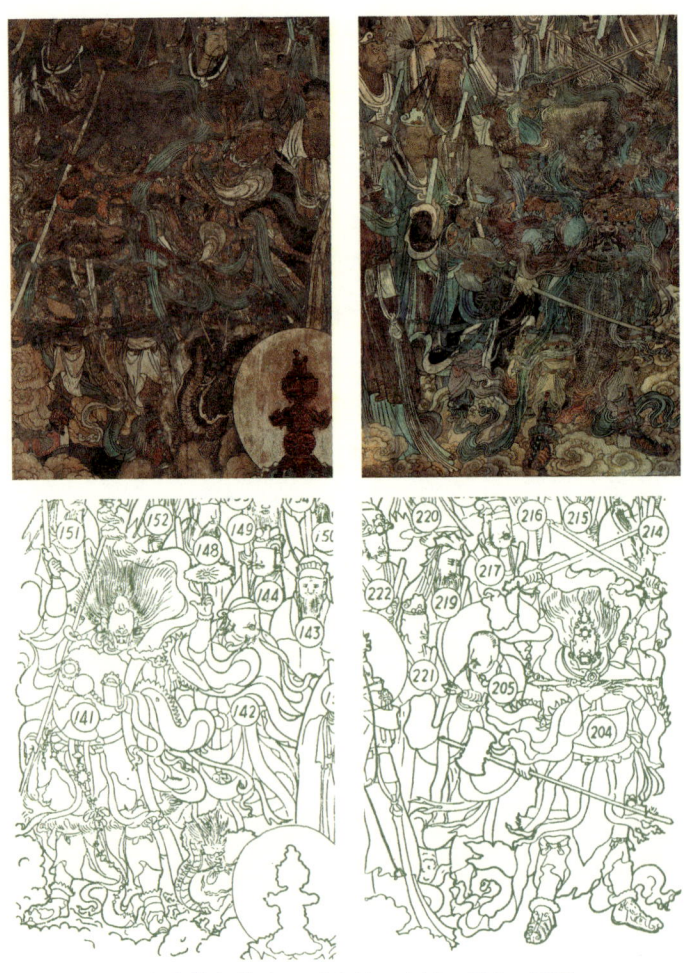

四圣及其部从之一（141、142，204、205）

永乐宫三清殿壁画题材试探 53

四圣及其部从之二（143—155）

而真武的特点：

> 后兴醴泉观，得龟蛇。道士以为真武现，绘其像为北方之神，被发，黑衣，仗剑，蹈龟蛇。从者执黑旗。自后奉祀益严，加号镇天佑圣，或以为金虏之谶。（《云麓漫钞》卷九）

壁画中142翊圣前有虬龙，205佑圣真武无龟蛇的标识。《云麓漫钞》称真武之像为"北方之神"，意披发、仗剑、跣足原来是流行的北帝的形象。前引《总真秘要》记北斗之首的天罡大圣作此形象，似也是有来历的。

翊圣初名黑杀将军，是宋太宗赵光义抬出来的。前面已提到最初有道士张守真用黑杀将军的名义预言赵光义将继帝位，从而取得了赵光义的信任，加以"翊圣"的封号，并修建了规模宏伟的终南山上清太平宫。宋真宗时王钦若编有《翊圣保德真君传》，记述其经过甚详。[18]

真武，即前代所称的玄武，宋代为避圣祖赵玄朗讳，改"玄"为"真"。北宋末加号为佑圣（《文献通考·郊社考》），其地位才与黑杀将军相侔。南宋孝宗即位后，改建旧邸为"佑圣观"，供奉真武，"或曰，真武像盖肖上御容也"（《建炎以来朝野杂记》甲集卷二）。真武的地位显然在提高，而到明初永乐时期达到了高峰。[19]而其他三将逐渐黯淡了。

四圣之在宋代显赫是由于先后受到皇帝的重视与提倡。

143四目老翁及144—155十二元神都是天蓬的部属。

143四目老翁正是作四只眼睛。他在《天蓬咒》中曾被提到。北宋时流行的《天童护命妙经》的《灵验记》中曾记一李万寿因为诵天童护命经，退鬼王的故事。鬼王自称"复遇一老翁四目，部领兵使三十余万，逐吾至大铁围山，吾奔迸窜避，直候兵散，崎岖至此"。《芥隐笔记》曾指出杜牧之诗句："老翁四百牙爪利，掷火万里精神高。"即用天蓬咒的四目老翁。"百"字为"目"字之误。"掷火万里"一语是出于《灵宝度人经》"掷火万里，流铃八冲"。又宋代以来民间流行有张仙的崇祀，四目老翁为张仙之师。可见四目老翁有一个时期，是为人熟知的。记四目老翁授张远霄（即张仙）弓和铁弹的故事。(《古今图书集成·神异部》卷二五一《神仙部》引《续文献通考》) 143四目老翁虽作四目，然而是一恂恂老者的形象，《天蓬咒》中描写为"苍舌绿齿"，当是此一形象较早时期的特点。

144—155十二元神，即子、丑、寅、卯等十二支之神，按日轮值。这些形象的冠上都有圆饰，其中应按照子鼠、丑牛、寅虎、卯兔……的顺序各有动物形为标识。壁画中已漫漶不清，不复能够一一加以区别。

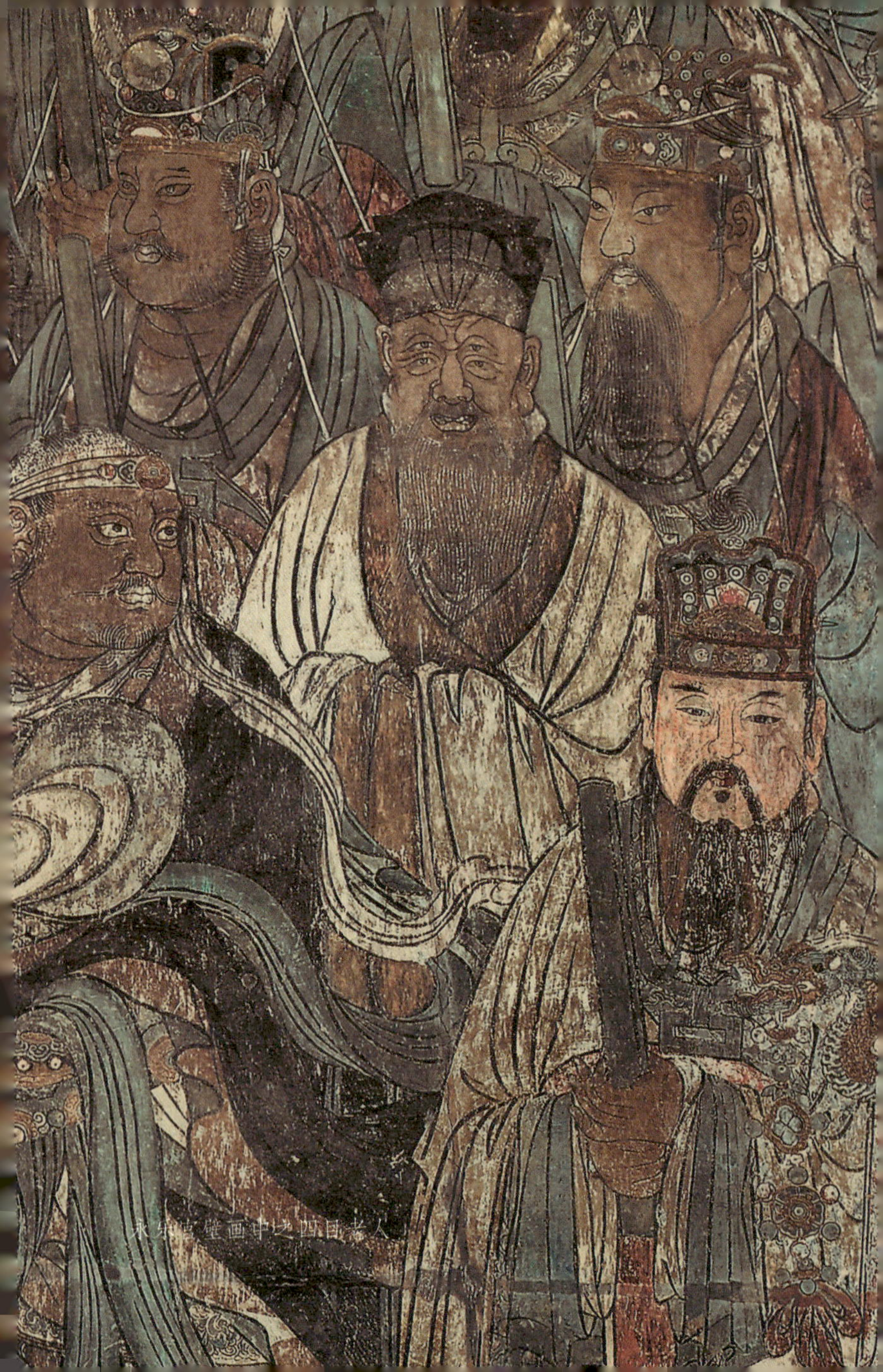

永乐宫壁画中之四目老人

九、Ⅵ后土像前后诸像（图二：160—191）

164—168为五岳，都是冕旒帝王装。五岳在宋真宗大中祥符四年都加了帝号，并重订了仪注及冕服制度，崇饰神像之礼。（《宋史·真宗本纪》，又《礼志》。）但在后来道教的发展中，除了东岳泰山以外，其他四岳都无显著的地位。作为山川土地之神，所以侍于后土像侧。

169—172四渎，长江、黄河、淮河、济水，在形象上都无明显的特征可寻。但在五岳之旁，可以认为是四渎。

后土像前后诸像中尚有二冕旒立像160及178。在《上清灵宝大法》所举的宣和系统中，还有扶桑及酆都二帝，应与这二像相当。今假定160为扶桑大帝，扶桑大帝统率水府，与五岳四渎同为山川之神。因此，后土像前这一组形象可以设想都具有山川之神的性质。宣和系统中列举有相当数量的山川诸神祇，如四海、五湖、十二溪、长江三水府等，而其中九天采访使应元保应真君（庐山之神）更有相当重要的地位。161—163三像名目可能在此范围内，但缺乏具体确定的有力根据。

这些山川之神有一共同特点，即都掌握人间的祸福吉凶，与人的命运有关。这一点似与后土像身后一组是共同的。

178如上假定为酆都大帝，为地府的主宰。181梓潼文昌帝君为硬脚幞头文官装束，与流行的形象相同。酆都和文昌

五岳（164—168）、四渎（169—172）及扶桑大帝（160）

酆都大帝（178）及酆都诸司（160—191）

都是衡量人的功过，决定人的贵贱贫富的。宣和系统中规定这一方面的神祇名目也极多，其中地位较重要的还有东岳上卿司命真君（茅盈）和九天司命保生真君（即圣祖赵玄朗）。此外都是酆都诸司，如地府十王、天官六曹等。此一组中179、180二像在服饰上和位置上都是地位较高的，与茅盈和赵玄朗相当。182—191十像似为相接近的一组。这一组的名目一时还缺少确定的根据，暂定为酆都诸神。

十、三元将军等（图二、三：197—199，192—196，200—203）

197—199三元将军，形象有共同点，又有若干变化。他们的名字是唐宏、葛雍、周武，通称为唐、葛、周三将军。因宋真宗封禅泰山时加封号，在宋代流行的道教神祇行列中取得了一定的地位，是作为一般的守卫神。[20]

192—196及197—199各像，经与武宗元《朝元仙仗图卷》比较，可见与该卷卷末诸像大致相同，暂假定其名目：192飞天神王，193—196天丁力士、天驷甲卒等，200破邪力士，201太极仙侯，202明星大神，203九疑仙侯。[21]这一部分形像的名目有待进一步考订。

十一、十太乙（图三：238—247）及八卦神（图三：260—267）

238—247十太乙（或太一），仪态威严，着通天冠或五梁

三元将军等（197—199，192—196，200—203）

冠，都显示其尊贵的地位。宋代关于十太乙的冠服曾有几次讨论。238—247十太乙的冠服接近熙宁五年的规定，"尽服王者衣冠"。政和年间才明确十太乙皆通天冠，侍臣二人为梁冠（宋敏求《春明退朝录》）。248、249为太乙的二侍臣。

太乙在汉代为尊神。《史记·天官书》记北极即太乙所居。《史记》和《汉书》都记述汉武帝崇奉太乙。谶纬中有太乙行九宫之说，似乎此后太乙虽在政治上无地位，而在阴阳术数

62 永乐宫三清殿壁画题材试探

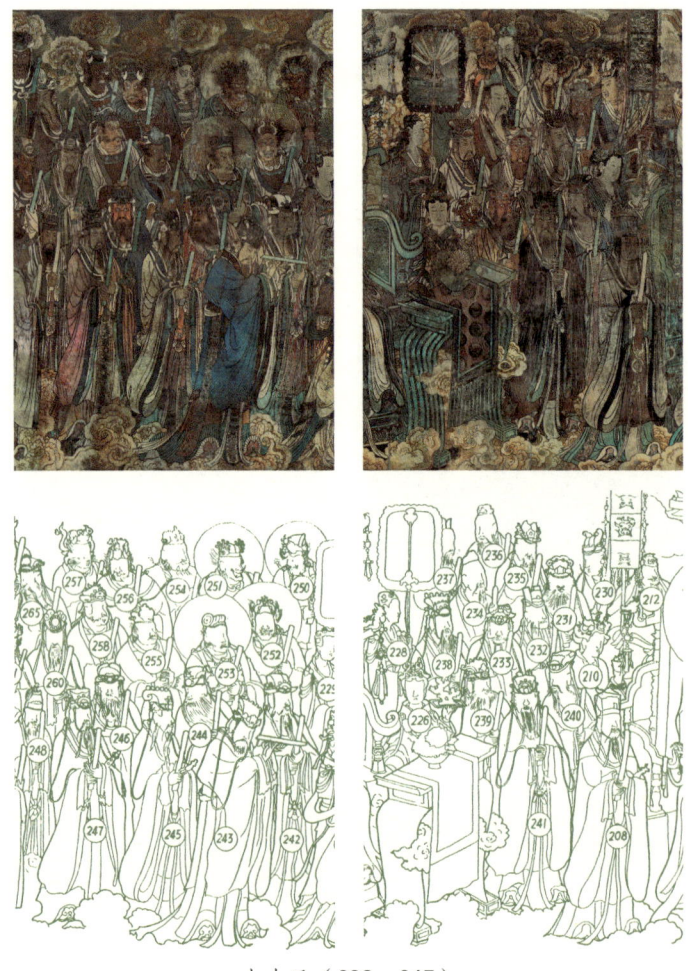

十太乙（238—247）

八卦神（260—267）

中仍流行。唐玄宗天宝三年才又采用术士苏嘉庆的建议,开始置九宫贵神坛,崇拜太乙。此后成为定制。(《唐书·礼仪志》。)宋代崇祀太乙,制度有所改变。增为十太乙,名称也和唐代不同。宋代认为十太乙之一的五福太乙"所在无兵疫,人民丰乐"。所以根据推算五福的方位,先后建立东、西、中、北各太乙宫。(《文献通考·郊社考》。)总之,唐、宋两代对于太乙神都予以特别的重视。

太乙与西王母有关。《墉城集仙录》记西王母助黄帝讨蚩尤:"王母遣使披玄狐之裘,以符授帝,曰:'太一在前,天一在后,得之者胜,战则克矣。'"这可能是238—241太乙四像在Ⅷ金母像前、242—247六像在Ⅷ金母像后的根据。天一也可以认为即太一。

八卦神是太乙的使者:

> 太乙君有八使者,八卦神也。太乙在中央,主总阅诸神,案比定录,不得逋亡也。八使者以八节之日,上对太乙。(《老子中经·第十三》)
>
> 八卦天神,下游于人间,宿卫太乙,为八方使者,主八节日,上计校定吉凶。(《老子中经·第十六》)
>
> 五脏有八卦大神,宿卫太乙。八使者主八节日。八卦合太乙为九宫。(《黄庭内景经》注引《玉纬经》)

位于太乙诸像后上方的八卦神是260乾卦、261坎卦、262艮卦、263震卦、264巽卦、265离卦、266坤卦、267兑卦。

十二、雷部诸神（图三：250—259）

又268雷公，269电母，270雨师。

道教迷信的一部分是符咒捉鬼驱邪，所使用的手段是雷击等，这种法术称为"五雷法"，也是在宋代开始普遍起来。

道书中有大量的这一方面的典籍，其中篇幅最为浩繁的是《道法会元》一书。

《道法会元》中曾记述雷部诸神的名目，及招请这些神祇的符咒、方法和仪式。雷部诸神将或称元帅，或称天君，是受太乙神所节制。八卦的主帅庞元帅、副帅刘元帅都是雷部中的主要神将。这些元帅、天君的名目不下二三十个。孤本元明杂剧《太乙仙夜断桃符记》一剧中突出了十二个，当是代表其中较为有名的，可以作为参考：

请上界元始天尊、三清四帝、五师六神、侍香金童、传言玉女、南斗六星、北斗七星、东斗五星、西斗四星……雷霆大将、主行利兵、邓辛张陶四大元帅、庞刘苟毕四元帅、神霄雷符马元帅、金轮如意赵元帅、神霄无拘温元帅、馘魔上将关元帅，本坛摄令城隍、土地等神……

雷部诸神（250—259）

250—259诸像各相当雷部的哪一元帅或天君，还有待进一步考订。

268雷公，269电母，270雨师，都和流行的图像相同。雷公手持相连的六鼓。电母为女性形象，雨师作儒生装扮，明王逵《蠡海集》曾记有如下的解释：

……雨为坎。坎，中男也；雨师像士子。电，雷光也，对乾配震者巽。巽，长女也；电母像妇人。

十三、青龙君（图二：271），白虎君（图三：275），功曹（图二：272—274），使者（图三：276—278）

《上清灵宝大法》及其他各书在列举斋醮仙班名目的最后一部分，都包括有："三五功曹，左右官使者，直符直日香官，侍香金童，传言玉女，金官，龙虎君。"在记述仪式开始请神降临时，必先召请这一些。由此可见，在行动时，他们是前导；在停驻时，他们在仙班最末。在三清殿壁画中，271青龙君及275白虎君等在前檐墙东西两段，都是面向内，其位置正是班次最末，而非向外，所以不是作为殿门入口的守卫。这一特点和各书记述相符。

以上所述为初步探讨三清殿壁画《朝元图》中诸神祇名目，所摸索到的一大致轮廓。其中有相当一部分仍是属于假

青龙君、白虎君及功曹使者（271，275，272—274，276—278）

定，而大部分也还缺乏确凿有力的根据。目前暂将这一初步结果提供大家作进一步研究的参考。

此一《朝元图》目前最无头绪的是西山墙的前半段，即图三：213—225，230—237诸像。其间219为一老者的形象，有六目，或认为是仓颉，220的装扮接近相传的孔子像。仓颉与孔子在道教中虽不是完全没有地位，但这种相似也不足以成为积极根据的线索。又后檐墙西半136老年妇女像，手执金轮。在道教神祇系统中，只有斗姥与之相当。斗姥即紫光夫人，为勾陈、紫微及北斗之母。也因缺少积极根据，不能肯定。明代以来流行斗姥像，其形象与佛教的摩利支天相糅合，或乘车，与此差别极大。这一些都是这一次试探中，连假定都不能提出的。

由上面这一初步探讨，却已经可以看出三清殿《朝元图》的整个布局，似有一完整的设计。正面北壁几乎全部为星辰诸神，而以紫微、勾陈为主像。东西两壁以四圣为开始，东壁以玉皇与后土二主像相配，而在后土前后为山川、水府及地府诸神，而且多与人的生死、祸福、吉凶、贵贱、荣辱的命运有关。西壁以木公与金母二主像相配，金母前后为太乙神及有关的雷府、八卦、雷雨诸神，职司降魔除邪，保障丰乐安阜。斗心扇面墙为南极、东极及三十二天帝，环绕侍立于三清周围。

此一完整的设计似是经过周密地思考,不只是表现了艺术构思上的完整性,而特别值得注意的,是其中反映了一定的完整的思想体系,贯串着完整的逻辑的构思。在逐步确定了壁画内容之后,揭示这一《朝元图》的思想意义,将是一重要的工作。

四

作为永乐宫的正门——无极门(过去通称"龙虎殿")也有一部分壁画。在此也附带说明一下其题材。

在有关斋醮的道书中有记载主坛之外,另立一小坛。如杜光庭《太上黄箓斋仪》:

坛前向外立土地承差监临正神位。

《灵宝领教济度金书》:

坛前正门外之左右,系东岳大判官,州县城隍司里域正神,当处威仪灵庙貌。

《无上黄箓大斋立成仪》:

> 监斋位——法箓真仙灵官将吏,虚空日直真官、番官、驿吏,当境土地里域真官。右三位列于斋坛门外,遥对坛所。

这些记载中都提到城隍、土地、里域正神的位置。这些神祇和又一些神祇也可以在另一位置上成为一组。《无上黄箓大斋立成仪》记黄箓大斋神位右班最后(即仙班之最下位):

> 神荼、郁垒之神,当境里域社令之神,坛请真官主宰土地正神,宫廷内外侍卫神祇,斋坛宣通召命效职神祇,隍司差来兵马骑吏,运递钱马一切神吏。

《上清灵宝大法》记黄箓大斋醮谢真灵三百六十分位(即前称之为宣和系统)仙班的最后是十一项"兵马神众",他们隶属天仙、地仙、日月星宿、三元五帝、五岳、城隍,等等,而结束以"当境土地正神,某宫观土地正神"。

综合以上的材料,可见无极门的位置与三清殿相对;斋醮时另立小坛,其位置与正坛相对,两者的关系是相应的。其作用及用意也正同。所以根据这些材料所提出的神祇的名目可以对照无极门诸神祇形象。

无极门后檐墙壁画的神祇当系神荼(在东段)和郁垒(在

神荼（在无极门下）

郁垒（在无极门下）

西段)。神荼，白脸，喜相，在上位；郁垒，红脸，怒相，在下位。他们的位置恰是门神，和过去民间年画中流行的门神图像特点完全相同。

在他们对面，即隔断墙的东西两段上的神将，应该是当地各级山川、地方神祇派来协同守卫的兵马。

东山墙是四个阶位很低的神祇形象，应该是一般的神吏，或为日直(按日轮值)的驿吏，宣通召命效职或运递钱马的吏役。

西山墙诸神祇中有城隍、土地的形象，是一组所谓的地方文武正神，即城隍、土地、社令、里正等。

五

三清殿《朝元图》是我国绘画史上的一件重要作品。全部构图共计人物形象286个，数量众多，面型变化丰富，造型饱满，表情生动。每一像高达二米以上，超过了真人的高度，布局上以八个主像为中心，展开了浩大的人物行列。构图上寓复杂于单纯，寓变化于统一，寓动于静。在形象的创造和构图的设计上都达到了绘画艺术技巧的高度卓越的水平。至于色彩的丰富而沉着，绚烂而协调，勾线劲紧有力而又宛转自如，流动飘荡而又严谨含蓄，技法的运用臻于极为精湛成熟的地步。

《朝元图》以如此众多硕伟的人物形象组成如此宏阔的构图，而在艺术表现上如此完整，具有雄伟的气派，是古代绘画史上已知的一件仅有作品；同时，在世界绘画史上也是罕见的巨制。这一幅《朝元图》的制作年代，现在可以认为大致是十三四世纪之际。这时正相当于西欧文艺复兴初期，乔托的时代，而早于米开朗琪罗创作活跃的时期将近两百年。这一比较当可以帮助我们更好地认识此一《朝元图》所获得的艺术成就的重大意义。

三清殿斗心扇面墙内面，洛阳名匠马君祥的子弟和学生们共同绘制的巨幅《云气图》，也是古代绘画史上的一幅杰作。把云气，这一极难摹状的浮动的自然对象，表现得如此壮丽而充满生气，是发挥了巨大想象力的艺术创造的结果。古代艺术家虽然思想上受着重重束缚和压迫，但他们积聚起来的人民的艺术才能和智慧仍发出耀目的光辉。

这些伟大的创作，当然不是孤立地产生的。它们是我国古代绘画艺术悠久而深厚的传统的产物。它们是我国古代人民创造历史、创造文化的具体的见证。

所以，由三清殿《朝元图》不能不联想到古代绘画史上的问题。

《朝元图》是唐宋绘画艺术，特别是壁画艺术的直接继承者。

唐代吴道子，在佛教艺术范围中，完成了有历史意义的重大创造。在吴道子的基础上，宋代武宗元又完成了道教艺术范围中的重大创造。从现存唐宋道释画的实物作品和文献资料中可以直接地和间接地说明这一点。在这里将不作更多的申述。只可能就《朝元图》和有关的材料，谈一下这一历史发展中几个个别问题。

《朝元图》，就现在所知，有两种不同的构图，一种是永乐宫三清殿壁画所代表的；一种是著名的相传北宋名画武宗元的《朝元仙仗图》。[22]

武宗元的《朝元仙仗图》无论就有题榜的一本，或就再命名为《八十七神仙卷》的一本看，都是以四方天帝君为中心，而以众多的女真为主体组成的行列。这与永乐宫三清殿的《朝元图》以天帝君和天帝后为中心，以诸神只为主体的构图不同。

关于武宗元的这一卷《朝元仙仗图》曾有一种意见，即认为是以唐代吴道子所曾画过的《朝元图》为粉本，而所指的吴道子的《朝元图》，或说是洛阳北邙山老君庙的壁画，或说是骊山华清宫朝元阁的壁画。

认为《朝元仙仗图》是以北邙山老君庙壁画为粉本的说法是引用了杜甫的《冬日洛城北谒玄元皇帝庙》诗。但杜甫的原诗，恰恰证明老君庙不是《朝元仙仗图》的粉本。杜甫诗中说："五圣联龙衮，千官列雁行。冕旒俱秀发，旌旗尽飞扬。"可见老君庙壁画是以"五圣"为中心，以"千官"为主体所组成的行列，不是四天帝君和女真组成的行列。"五圣"即是唐玄宗以前的五个唐朝皇帝：高祖、太宗、高宗、中宗和睿宗。这五个皇帝晋封为五圣是在天宝八年六月，同时并对老子加尊号。(见《旧》《新唐书·玄宗本纪》。)杜诗的研究者曾根据这一点断定杜甫的诗成于天宝八年的冬天。这时正是唐玄宗尊崇道教最热烈的时期，吴道子的壁画可能也是制作于这一时期。宋代康骈《剧谈录》中记北邙山老君庙还有老子化胡经的壁画，并且称五圣图为"五圣真容"。宋程大昌《雍录》则进一步作了这样的推想："知吴生所画千官皆生面也。"北邙山老君庙吴道子壁画在宋初犹存。五代时王瓘曾认真学习过。(《五代名画补遗》。)宋康与之《昨梦录》曾记载毕少董述宋初重修时曾拆下这一组壁画，为某"隐士"买得，进行了钻研，然后沉之于洛水，而后来这个"隐士"受聘重画老君庙壁画获得异常的成功。据《圣朝名画评》，北宋初被王随聘请重画老君庙的是十七岁的武宗元。这虽然可以说明一个公认的意见：武宗元的画艺因学习吴道子而达到出人意料的水平；认为武宗元继承了吴道子的画风，在道教美术中成为重要的大师。但是相传武宗元的《朝元仙仗图》，如上面所说，却不能认为和北邙山老君庙《五圣图》有直接的粉本关系。

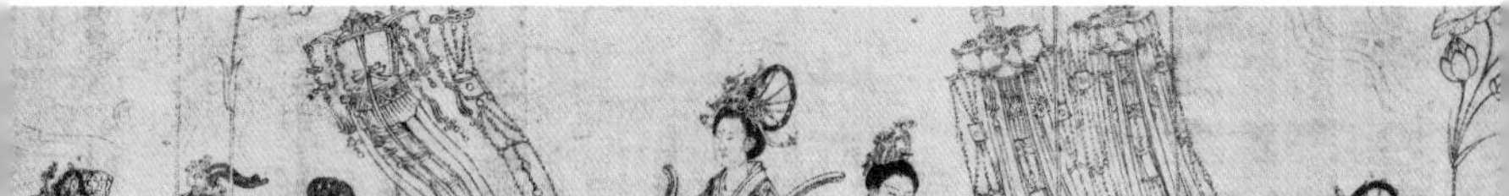

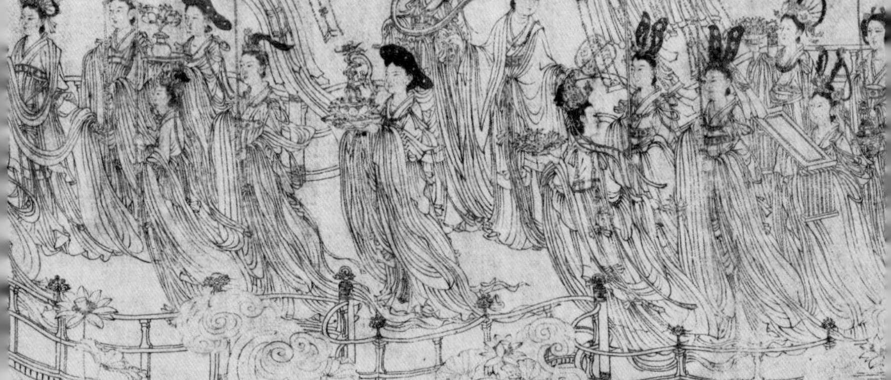

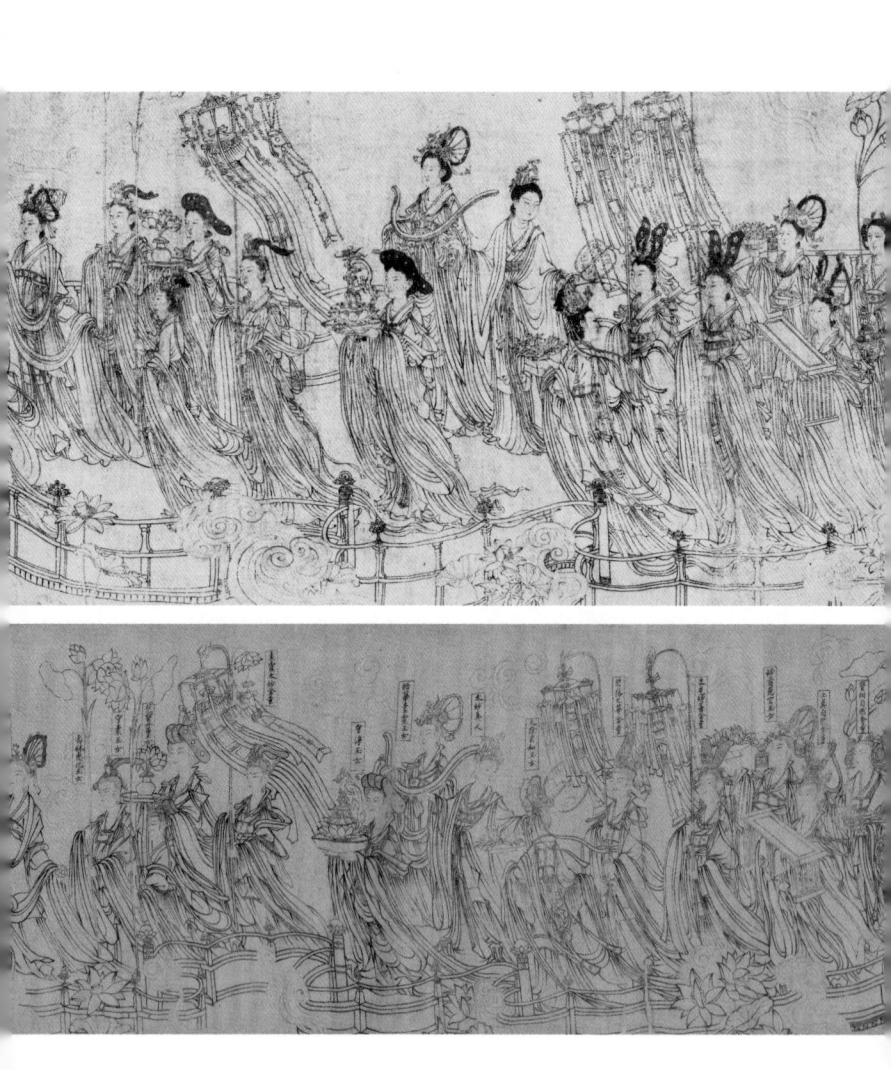

《八十七神仙图卷》（上）与《朝元仙仗图》（下）之比较

《朝元仙仗图》也不是以华清宫朝元阁壁画为粉本。五代道士杜光庭编《道教应验记》一书中记成都乾元观三门下原来有东华、南极、西灵、北真四天神王的塑像，是依照华清宫朝元阁样，然而这些像是"金甲天衣"。可见四像是戎装，与《朝元仙仗图》的帝王装扮不同。

《朝元仙仗图》不是直接以吴道子的那两处著名壁画为粉本。但是北邙山老君庙的《五圣图》和永乐宫《朝元图》的关系却还值得做进一步的考虑。

北邙山老君庙《五圣图》的特点是以帝王为中心，以千官为主体的行列（姑不论图中形象是否为"生面"——肖像的问题）。这一特点，是和永乐宫三清殿的《朝元图》相符合的。

以帝王为中心，以千官为主体组成的群像行列，在古代绘画中不断出现过。它们的题目不同，形象的特点不同，行列的繁简不同，然而是同一构图的逐渐丰富和发展。例如洛阳龙门宾阳洞和孝昌石窟寺的礼佛图，敦煌唐代维摩变相下方的帝王听法图等。甚至阎立本《历代帝王图》也是这一类的作品。唐代绘画作品的这种构图，特别是敦煌中唐194窟的《听法图》是帮助我们探讨北邙山老君庙吴道子壁画的有力的参考材料。就已知的材料看，永乐宫三清殿的《朝元图》是这一种构图发展的最后的高峰——完成了最繁复的形式。三清殿的《朝元图》群像行列的创造是以唐代发展起来的、宋初兴盛

《历代帝王图》局部 绢本设色 波士顿美术馆藏

《八十七神仙图卷》局部　绢本白描　徐悲鸿纪念馆藏

《朝元仙仗图》局部　绢本水墨　私人藏

炽盛光佛并五星神图　绢本设色　大英博物馆藏

的道教和佛教绘画为基础的。这一幅《朝元图》，在处理人物形象的多样性、面型刻画的类型化和理想化的特点、动作和节奏的掌握、人物位置及关系的安排、衣纹的处理，等等，确是可以看出唐宋以来一脉相传的痕迹。作为绘画艺术发展和进步都是值得深入分析的重要课题。

其次是关于金、木、水、火、土五星形象的问题。

与三清殿壁画中这一组五星形象可以相印证的作品有一幅敦煌发现的唐末乾宁四年（897）张淮兴发愿绘制的《炽盛光佛并五星神图》。在这一幅图中，炽盛光佛乘牛车，车辕左侧是土星，作半裸体婆罗门形象，还是依照经典的规定，未曾像三清殿壁画间改变成老年的隐士形象。炽盛光佛乘车左侧，土星之后是金星和火星，车右侧为木星和水星，都和三清殿壁画相似。头饰也俱备：金星为鸡，火星为驴，木星为猪，水星为猿猴。

此外，具有同样特点的五星形象，在山西右玉宝宁寺水陆画的左第二十五幅中也有。万历十二年（1584）"南庙里福胜院"的一幅《如意轮观音像》（故宫博物院藏）四周的五星形象也仍然如此，只金星改持水碗，不再是琵琶。同图中也有日和月，作王及后的装扮，冠上分别标以乾卦和坤卦。同图还有罗睺和计都。

现在我们可以见到，五星形象在唐乾宁四年（897）、约元

泰定二年（1325）前后、明万历十二年（1584）七百年间基本上是相同的。那么，这样一种样式的五星形象最初开始于什么时候？

在这里，我们不免想到所谓张僧繇的《五星廿八宿神形图》。此图只存半卷，其中有五星及二十八宿的十二宿。这一画卷中，五星形象和上面谈到的几幅作品中所表现的有较大的出入。

这一画卷中：岁星（木星）作猴头（？）人骑猪；荧惑（火星）作驴头武士骑驴，六臂各持兵器；镇星（土星）作婆罗门骑牛；太白（金星）作女像，头有凤饰，跨凤飞翔；辰星（女星）作站立女像，头上有猴头形冠，手执笔札。和乾宁四年等图相比，可见除了各种动物形象标志和火、土、金、水的身份

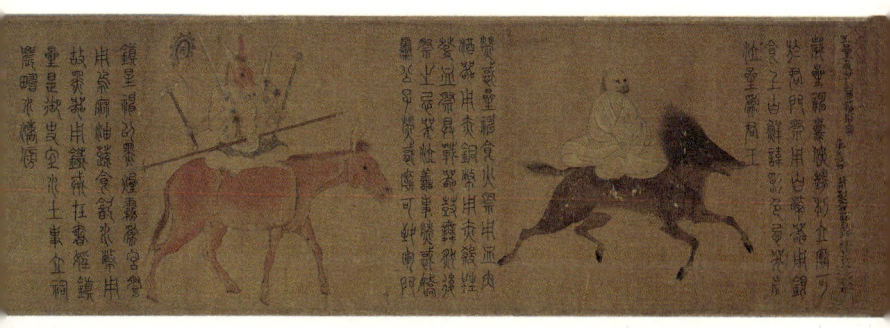

唐张僧繇《五星二十八宿神形图》之五星

相同以外，形象的设计却多不同。这些相似点，是由于遵循了相同的经典的规定。《五星廿八宿神形图》是五星形象尚未完全确定以前的作品，但服饰已经是中国式的，肯定是中国艺术家的新创造，而非直接出于外来的粉本。同时，五星也仍采用了传统的中国名字。

这一画卷中十二宿的形象也有值得注意的现象。十二宿是东方七宿的角、亢、氐、房、心、尾、风（或称为箕，箕主风）和北方七宿的斗、牛、女、虚、危（北方七宿尚有室、壁，当与西方七宿及南方七宿同在另外半卷）。这十二宿的形象都已带有西方古代天文学中流行的黄道十二宫的某些特定标志。

角宿相当于室女宫，图中作一女像。亢、氐二宿相当天

88　永乐宫三清殿壁画题材试探

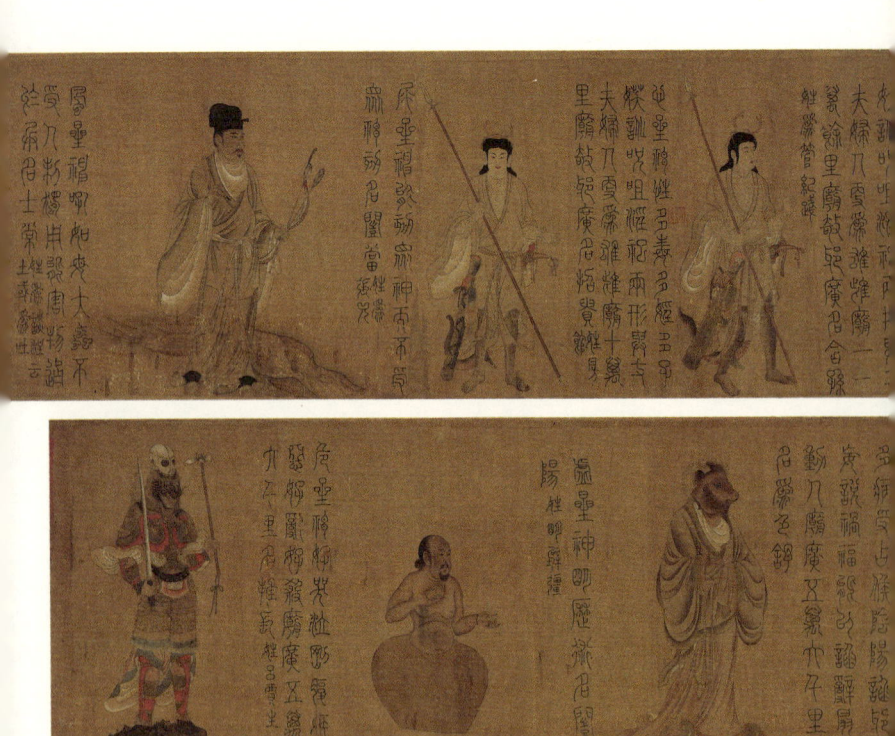

《五星二十八宿神形图》之二十八宿

秤宫，图中亢宿手执一中国式的秤。房、心二宿为天蝎宫，图中房、心二宿都是头上有钳，身上有鳞，身后垂虿尾。尾、风、斗三宿为弓宫，或称人马宫，图中尾宿手执弓箭，风宿为一人骑马，手执弓箭。（希腊神话中人马，上半身为人，下半身为马，弯弓射箭，是西洋文学及美术中常见的形象。）危、虚二宿为宝瓶宫，图中虚宿下身在一坛中。

西方黄道十二宫的概念和七曜的概念一样，也是开元年间，通过介绍域外历法，流行于中国的。因为开元年间，为了改革历法，介绍了异域的天文历算作为参考。许多有关的域外经典都在此时译出。除了前面已引述的两部以外，还有例如不空译《文殊师利菩萨及诸仙所说吉凶时日善恶曜宿经》，法贤译《难儞计湿嚩啰天说支轮经》。瞿昙悉达并译出了印度的《九执历》（九执即九曜：日、月、五星、罗睺和计都）。这一情况是断定《五星廿八宿神形图》的时代及作者所不可忽略的。为了探讨五星形象的变迁，不妨就这一问题多谈几句。

这一图卷卷首有唐代梁令瓒署款，虽已残损，现在仍大致可以认出。元代夏文彦编《图绘宝鉴补遗》中指出梁令瓒有此作品，明末茅维和张丑分别为韩世能的收藏品编纂的同名的《南阳名画表》中都认为是梁张僧繇所作，并解释唐代梁令瓒篆书记述各星性情形体是后加写的。安岐在《墨缘汇观》中仍表示倾向于绘图也是唐人手笔，甚至是梁令瓒之作。

永乐宫三清殿壁画题材试探 91

敦煌壁画中的十二星座

梁令瓒是古代杰出的天算家僧一行的合作者。开元年间二人曾共同设计制造浑天仪及游仪(《旧唐书·历法志》及《新唐书·天文志》)。《五星廿八宿神形图》前梁令瓒署款的职衔为"太史",和开元六年译《九执历》的瞿昙悉达同职。这一画卷的内容包括星占及禁忌,和相传僧一行的著作,如《梵天火罗九曜》相类。而且这一类著作中也大多有附图。因此,这一画卷的绘制者为梁令瓒是有一定的根据的。而且画法和一些形象的造型,尤其具有唐代绘画的明显的特点。

如果可以认为此一画卷为唐玄宗开元年间梁令瓒之作,则又透露一有关唐代绘画的有意义的消息。

《图绘宝鉴补遗》记梁令瓒此图,最后称:

李伯时云:"甚似吴生。"

同书卷二吴道子条又指出:

(吴道子)早年行笔差细,中年行笔磊落,如莼菜条。

元代汤垕《画鉴》记吴道子"早年行笔磊落",似是与夏文彦书引用同一材料,而漏掉了"行笔差细,中年"六个字。而同时汤垕书中又增出下面几个字:

> 五代朱繇一像，行笔甚细，恐其弟子辈所为耳。

"五代朱繇一像"一语不甚可通，但是吴道子早年行笔差细和吴道子弟子用笔较细，这两点都和唐张彦远《历代名画记》可以印证。[23]

唐代记述当时绘画艺术发展的完整著作，除了张彦远、朱景玄的著作外，皆已散佚。元明时期的著作中可以见到一些片段。明张丑《清河书画舫》中保留了两条有重要意义的关于吴道子的史料：

> 卫协白描，细如蛛网，而有笔力。其画人物尤工点睛。顾恺之自以所画为不及也。吴道子早年全师法之。
>
> 吴道子号称画圣，笔法再变。早岁精微细润，无异春蚕吐丝。中年磊落雄伟，则又挥霍如莼菜条。故评书画者有"笔随人老"之语，及观道子画本，益信。

前一条，张丑注引自《画评》，察其语气和它熟悉六朝绘画的情况，作者应该是唐人，可能即已佚的唐代顾况的《画评》。后一条张丑注引自《画谱拾遗》，则应该是已佚的唐代窦蒙的著作。[24]

这两条记载可证元代汤垕和夏文彦的说法是有根据，也可以证明吴道子的"细画"是他早年用笔的特点。吴道子中年用笔如莼菜条，莼菜条一语在唐宋人的文字中可以见到，如陆游的《龙观八幅龙湫》诗："君看此图凡几笔，一一圜劲如秋莼。"莼菜条就是指线纹的圆劲，是吴道子成熟时期在技法上的新创造，而成为标志吴道子技艺水平及独特风格的引人注意的特点。至于早年则线纹甚细，如"春蚕吐丝"。

以上这些材料解除了我们理解李公麟（伯时）说"甚似吴生"所遇到的困难。李公麟这一判断把开元年间梁令瓒的《五星廿八宿神形图》和所谓吴道子的早期画风联系了起来。如果此语可信，这一画卷又可以作为探讨吴道子绘画艺术的一个可注意的线索。

由此，可以设想，敦煌画卷中的五星形象和三清殿的五星形象，作为一种样式，出现于开元天宝以后，是五星形象进一步发展的结果，而以后则长时期稳定下来。永乐宫三清殿的壁画，作为唐宋元明数百年间绘画艺术中有重要地位的宗教绘画发展的一个极堪重视的环节。在有关永乐宫壁画的一些个别问题上，将有助于考察绘画史的发展上一些重大问题。

注　释

[1]传说原有壁画粉本，过去补绘时即作为根据，但早已遗失（《文物参考资料》1954年11期，《两年来山西省新发现的古建筑》）。原来并有神牌，天启三年《永乐宫重修诸神牌位记》碑文中称"计牌有四百余

座";崇祯九年《重修潘公祠堂记》碑文中称"继补修神牌五百余座"。这些有重要参考价值的神牌也早已遗失。

［2］"三清"及元始天尊、老子、三十二天等，见《云笈七签》卷二"混元混洞开辟劫运部"，空洞、混沌及混洞各节；卷三"道教本始部"，道教序、道教所起、道教三洞宗元及灵宝略记各节；卷二一"天地部"，总序天、三界宝箓及中四天各节。

［3］杜光庭为晚唐五代时期青城山道士。他出于当时灵宝经传授中心的天台山。道教的符箓仪范等都集中于灵宝经系统。杜光庭致力于整理道书及道教史的工作，也整理了符箓仪范的一些规定。此处所引一例见于他编纂的《金箓大斋宿启仪》。此外，他还编纂多种有关这一类活动的书，如《太上黄箓斋仪》《罗天大斋早午晚朝仪》等。其中提到的神祇名目大体相同。

［4］宋王钦若《翊圣保德真君传》(《云笈七签》卷一〇三)。又见《宋朝事实》卷七。

［5］《宋史》卷六至卷八《真宗本纪》，又卷一〇四《礼志》七。

［6］《宋史》卷三八三《王钦若传》记他曾有《列宿万灵朝真图》《罗天大醮仪》等著作，"钦若自以深达道教，多所建明"。又见同卷《丁谓传》及卷二八七《陈彭年传》。

［7］参见《云笈七签》卷一〇三《翊圣保德真君传》，又《宋朝事实》卷七、《文献通考》卷八〇郊社考、《式古堂书画汇考》卷一二、《益州名画录》、《五代名画补遗》、《圣朝名画评》和《宣和画谱》等书。

［8］《唐会要》卷一〇上注引《文献通考》："旧祠堂为妇人素像，则天时移河西梁山神素像，就祠中配焉。至(开元)十一年，有司迁梁山神

像于祠外之别室焉。"

[9]例如《金箓大斋宿启仪》《太上出家传度仪》《灵宝领教济度金书》勾陈都用"紫微天皇大帝"一名,并且置于"紫微北极大帝"之前。本文据《上清灵宝大法》,紫微也处于勾陈之上。

[10]三十二天帝君之第九,称为"赤明和阳天"。武宗元曾以宋太宗的肖像为蓝本创造此一形象。见《宣和画谱》卷四。但此记载中称武宗元系绘三十六天帝。三十二天,加上大罗天、三清境,可以称为三十六天,但大罗天等另有所主。所以三十六天帝之说,尚待考订。可能《宣和画谱》记述有误。三十二天名目见《云笈七签》卷二一。又同书卷二二又有三十六天王,其名目中无赤明和阳天。

[11]《金莲正宗仙源像传》,(明本,文物博物馆研究所藏)卷首有临赵孟頫的老子像及玄元十子像。上海博物馆藏元代华祖玄《玄门十子图卷》也是临赵孟頫本。像与壁画不同,作一般隐士学者的形象,没有壁画中的华贵气息。

[12]见《历代真仙体道通鉴》卷一八、二三、二六各人传略。《灵宝领教济度金书》卷五《圣真班位品》中未列入葛玄和许逊,但并列了张道陵的两个不同封号"三天扶教辅元大法师"和"正一冲玄神化静应显佑真君",误为两人。

[13]《洞元灵宝三师记》,《灵宝三师名诸形状居观方所》。

[14]《历代真仙体道通鉴》卷二九。韦节著有《老子义疏》,见《隋书·经籍志》;并续撰《楼观先生内传》一卷。唐人小说《异闻录》中记华山数仙翁故事,也是韦节。韦节是北周末北方道教徒之重要者,不在六朝、隋、唐以来茅山、衡山、天台山的灵宝传授系统。

[15]北京白云观藏明代三官像的共同点和差别与此相似。

[16]赵构及其母韦氏崇祀四圣见曹勋《北狩闻见录》、王明清《挥麈录》等书所记都根据曹勋书,曹勋书是转述韦氏亲谈。《梦粱录》卷八及《宋朝事实》卷七都有记载。

[17]见《太上洞渊北帝天蓬护命消灾神咒妙经》。

[18]《翊圣保德真君传》见《云笈七签》卷一〇三;《宋史·礼志》及《宋朝事实》,皆记其概略。

[19]永乐时曾有朱棣亲撰的《真武庙碑》及《大明玄天上帝瑞应图录》、《玄天上帝启录》,鼓吹真武对于他取得帝位的帮助。

[20]《太上三五正一盟威录》又称左中右三将。唐宏、葛雍、周武三人相传为周厉王时的三谏官,因累谏不从,弃官去吴。周宣王时返周,以辅导太子有功,迁于兖。明修《山西通志》记山西各地多有庙。

[21]据陶弘景《真灵位业图》太极仙侯为张奉,九疑仙侯为张上贵。

[22]此图卷"虎"不避讳,可见晚于唐代。"玄"字不避讳,可见早于宋真宗崇奉圣祖赵玄朗以前,所以不可能晚于武宗元,而可能早于武宗元。

[23]《历代名画记》曾记吴道子弟子张藏、杨庭光、卢棱伽等人都是细画,并在《论画六法》一节中指出吴道子"其细画又甚稠密,此神异也"。

[24]窦蒙此一著作,《历代名画记》及《图画见闻志》作《画拾遗录》,《宋史·艺文志》作《画品拾遗》,《佩文斋书画谱》作《画录拾遗》。见余绍宋《书画书录解题》卷一〇。

下编

敦煌壁画中表现的中古绘画

敦煌壁画中主要的一部分代表了从南北朝到北宋初这一段中古绘画史。常书鸿所长领导下的临摹工作，把这一千多年中的贵重资料送到我们面前。根据这一批资料和文字记录相参证，和其他各处，包括传世之作，残存的若干遗迹相比较，可以使我们推测出中国绘画史上有如此丰富内容的一段落的大体面貌。如果能继续深入的探研，也极有可能认识更详尽的全般面貌。

唐代张彦远在大中元年（847）完成的《历代名画记》，是我们第一部绘画史。其中记录着自汉魏至唐会昌元年（841）的绘画活动和主要成绩。继续着张氏书的是宋代中叶郭若虚所写的《图画见闻志》，把这个记录赓续到宋熙宁七年（1074）。这两部记录成为今日我们了解中古绘画史的仅有的，当然也就是重要的材料。但是文字记录最多只不过用譬喻，和较抽象的形容词句来叙述或描写当时绘画风格，所以给读者的印象，是模糊的。幸亏敦煌宝藏提供了无比丰富的具体实例。这样，中古绘画史就明晰而生动地呈现在我们眼前了。甚至我们可以说，《历代名画记》和《图画见闻志》这一类文字记录，相形之下，也显得空虚和贫薄了。只是作为次一等的参考也还有它们一定的功用而已。

敦煌壁画和文字记录相参证，首先使我们了解了这样两个问题：

第一、在中古绘画界，所谓赫赫有名的若干大画家和一般被人遗忘了姓氏的无名画家，他们在画风上有共同的时代风格。《历代名画记》著录的都是倾动一时的画家，例如代表着"上古"迹简意澹而雅正的作风的画家是顾恺之和陆探微；代表着"中古"细密精致而臻丽的作风的画家是展子虔和郑法士。他们的画如张氏说："古之嫔擘纤而胸束。古之马喙尖而腹细。古之台阁竦峙。古之服饰容曳。"姑且暂时不去讨论在这四句话中张氏所说的"古"是兼指上古和中古，还只指其中之一而言。今天我们得见敦煌壁画的摹本，不由得惊讶张氏关于隋及隋以前的画法的总结是如此简炼准确而忠实的。那么，我们现在可以知道，顾、陆、展、郑等人虽然一方面突出于敦煌画所代表的诸无名画家，而名画家并没有脱离了他们。名画家是有个人的独特的成就的，而同时他们既是来自民间画家之群，而又给影响以一般的画家。从中古绝大部分画家的出身也可以知道，他们虽然享有大名，而他们的家世并非出于高门大第。尤其往往是父子同为画家，更足证明他们的生活是胶固在绘画的职业上的。

第二，南北朝朝代，尽管政治上出现了两个对立的朝廷，在绘画界仍有统一风尚。敦煌是北方政治势力范围西北边远的一角。但如前面我们所说,敦煌壁画竟与南朝的顾、陆画风一致。这一点尤可以纠正过去有人误会南北朝时代唯南方绘画发达这一错误的认识。追究何以有此错误认识的根源,乃因为张彦远的著作中一部分是综合了他以前旧著各书的记载的。而旧存各书,除了唐代各书以外,都是南朝人所著,这些书只评论并分析了南朝许多画家。北朝没有这一类的著作。北朝画家的名字没有完全地记录下来。尤其南朝的帝王们如梁武帝注意收藏书画以供自己玩好,这也是南朝之所以有这些著作的成因。南朝画迹保留到唐代士大夫手中的较多(虽然也经过了几次不幸的焚毁和损失),于是南朝的画家便名垂不朽,北朝画坛就显得异常枯寂了。

以上两点在下面我们不可避免地也还要涉及,而如果我们把敦煌壁画和其他各地残存的实例,如一些流传有绪的名迹,中原一带的造像刻石,甚至其他边疆各地的墓室壁画等相比较,我们也足够证实这两点。另外,我们更认识到一个重要的事实,即中国文化有一完整的民族性格。远在西北边陲上的敦煌壁画中属于前期的表现了与吉林辑安县通沟古墓壁画相同的题材和作风。属于中期的佛像和日本法隆寺金堂佛画同风格。这都表示中国汉唐文化所广被的四方,无论出现于海东或西域,都是由文化中心所在的中原心脏地带远播传送出去的。中古时代这一强韧有力的中国画风,固然一方面在自己的传统基础上融合外来因素，不断地发展进步，一方面却以它的光芒普照大地。

根据敦煌壁画所表现的画风，下面我们可以进一步地分析这几个问题。

敦煌290窟的佛传图，296窟的萨埵那太子本生故事和419窟的须达那太子本生各图中，我们都可以看见如张彦远书中所说的古媛、古马、古台阁、古服饰。其间穿插的树石也是如张彦远所说阎氏兄弟、杨契丹、展子虔的画法："状石则务于雕透，如冰澌斧刃。绘树则刷脉缕叶，多栖梧菀柳。"这里最值得我们注意的是，所谓擘纤胸束的古媛。这样的古媛是我们在北魏石刻造像中所常见的，尤其是北魏晚期的造像，无论云冈还是龙门都有这种瘦削型的体态。北齐孝子画像石棺则不仅人物和前述敦煌诸故事图画相似，甚至一切的山石树木楼阁车马飞鸟走兽，以及画面的构成法也都完全一致。敦煌许多隋代供养人像都是擘纤胸束。顾恺之的《女史箴图》，无论是否隋代摹本，衣饰容曳，削肩细腰，更显得衣衫的宽松。看她们的昂然的侧影，果然是张衡在《思玄赋》中所说"妙精纤腰"。顾氏图中的人物的头型都是长圆如桶。这是和北魏以迄隋的佛像及浮雕的人物头型一致，与敦煌壁画中所表现的某一部分隋代壁画也一致。六朝时代这种瘦削的人物，顾恺之的画论已经提到。他评论旧传的小列女"刻削为

290窟中佛像以及树石画法

容仪"。另外，在戴颙改正瓦棺寺丈六金像的故事中有这样的几句："像成而恨面瘦，工人不能理，乃迎颙问之，曰非面瘦，乃臂胛肥。"虽然戴颙了解到并且利用到视觉上错差，矫正了这座大像给人的印象。而问题之发生，一定是事实上面瘦才引起的。若像本来已够丰腴，即使臂胛肥，只会感觉到头小，不会瞩目到面瘦的。陆探微的人像也是瘦削型的。张彦远引张怀瓘的话中有一句是"秀骨清像"。所引另外还有一句说："笔迹劲利如锥刀焉。"如果这句话是指陆氏笔下的表现效果，我们立即就联想到北魏造像和敦煌的隋代壁画人物给人的劲挺锐利的感觉。由"秀骨清像"和"劲利如锥刀"二语，我们几乎可以想象这种在中原一带属于北魏末年，在敦煌属于隋代的流行的风格，就是陆探微的风格了。当然，这一论断现在还嫌过早，是需要更多的材料才可以推证的。但是据文字记载，陆探微确是有广大影响的画家。被数列在他的追随者中间的，除了他自己的两个儿子，还有宋齐之间顾宝光，袁倩父子，都是倾动一时的名手。此外南齐时曾被推为当代画嫔嫱第一手的刘瑱，也是"纤削过差""甚有姿态"。

顾恺之《女史箴》，北魏造像，和敦煌一部分隋画的人物，既都是长头型的，敦煌另一部分隋画人物却是圆头型的。尤其面部圆润，已开唐代美人丰腴的先风。半笔画史中说，张僧繇的天女宫女"面短而艳"。日本法隆寺金堂的壁画，曾被日本学者认为是梁武帝时传入日本的张僧繇作风。现在我们把法隆寺壁画和敦煌壁画比较，我们也许感觉法隆寺壁画更接近盛唐的丰满。然而确实无疑的是，这种面型已经出现在敦煌的隋代画中。如383窟的普门品，眼窠，下颌，都多描了一条线，而颈下的环状线纹也出现了。290窟的乐队和供养，则表现了陆氏长脸和张氏短圆脸之间的过渡型式。陆、张在这一点上的不同恰当的表现在"陆得其骨、张得其肉"这一简单的评语中。

（晋）顾恺之《女史箴图》局部

如果这一变化是有意义,我们可以说变化的发生在敦煌,是在六七世纪之交,而在江南则是发生于6世纪初。无论各地域发生变化的时间前后参差,总之仍可以证实张彦远所说的一点。张彦远在总评了戴逵父子的成就以后说:"其后北齐曹仲达,梁朝张僧繇,唐朝吴道玄、周昉各有损益。圣贤盼蠁有足动人。璎珞天衣创意各异。至今刻画之家列其模范,曰曹、曰张、曰吴、曰周,斯万古不易矣。"在论及师资传授时,靳智翼一条下面,张氏自己也注到:"佛事画有曹家样、张家样及吴家样。"以时代言,张僧繇在曹仲达之先几五十年。那么就是:在张氏之前戴氏父子为一时楷模。到张僧繇才发生了巨大的变化。新的张家样赓续到吴道玄的吴家样出现,虽然其间也发生了并行的域外作风的曹家样,张家样笼罩南北使张僧繇成了那样重要的画家,于是阎立本也被张彦远置于他的追随者之列了。张彦远没有提到顾恺之和陆探微曾产生过变革性的意义。假若我们还记得顾陆和戴氏父子恰恰同时,晋宋之际的五世纪前半,我们可以想到顾陆的独创性和戴氏父子一样,没有超出那一时代风格的范围以外。

而我们现在要指出的是包括了顾、陆、戴氏父子在内的南北朝初期的佛教艺术是沿着中国传统的道路发展出来的。

敦煌北魏诸窟中的壁画,仍有非常丰富的汉画成分。如四神、云气、鹿、马、峰峦,以及楼台城垣建筑都使我们如见辑安的高句丽墓中壁画，和其他种种汉代绘画性的遗作。在构图上更是顾恺之《画云台山记》中所描述的连续而分段的方式。尤其其中人物的戏剧性的夸张动作直如南阳和彭山的汉画像石。但是重要的不同处，是在这些人物都裸袒了上体，是印度壁画中常见的妆扮。尽量是坐在中国的屋檐之下。在纯粹中国景物间，突然出现了异国的人物，理由是极显然的。因为无论舍身饲虎或鹿王本生，都是外国故事，以外国人物为主角。而中国自汉代以来，一向对于域外有好奇的知识兴趣。中国画史著录过多少有关外国衣冠风俗的画迹。中国画家之要画外国人物，是出于求真的态度。但是在技术处理上已完全转入中国手法。这些外国人物第一使我们想到新疆库车一带被剥窃的壁画。那些壁画中的人物一部分是忠实地描绘龟兹人物的。另一部分，凡是佛传和本生故事中的人物都是来自远方。这样，我们便想到了印度。诚然，这些裸袒了上体的人物来自印度。但是，除了裸袒和一些伎乐人物还保留着腰伎婀娜以外，到了敦煌至少已经发生了两点显明的变化。一是晕染已变了更富于象征意味的粗单线。例如当胸和胸下只剩下纵横两条单线。二是这些单线已经变形而程式化了。如腹部和膝盖只是一个圆圈以显示过去曾有表现筋肉隆起的企图的。甚至两腮，最甚的例子是隋代，已是两团无现实的意义的颜色了。在288窟，我们更见到一个有兴趣的现

敦煌壁画290窟局部之一

象。那些面部浑黑、圆眼、大有外国相法的天人伎乐只是由时代渺远而褪色变色的效果。这次临摹本的四幅中有两幅都描绘了依稀可见的未伤损以前的线勾面型和眉眼鼻唇以及下颌。多一次凝视，你就会更相信那面型更像顾恺之之笔。这样便揭破了一个北魏诸窟外国人物的秘密：虽其具有外国形态，不是原画真相。原画真相是与库车壁画有所不同，与印度更大有不同的。库车也许可以算夹在中间的过渡形式。但

敦煌壁画290窟局部之二

是发掘并且盗窃了库车的勒考克，也承认在西域，绘画比塑像具有更多的中国因素。对于这种歧异，他的解释是绘画实出自接受了中国影响的当地土著之手。而塑像是直接用犍陀罗雕像为母型加以翻塑的。因此，我们也了解到为什么云冈的北魏初期造像，尽管服饰上是外国的，而已经有非常强烈的独创性，大大摆脱了它们所自来的原有风格。原来就是中国工匠用汉魏以来自己熟练的固有技术处理的结果。而北魏后期的造像，更爽性穿着了中国式的衣裳。在敦煌，例如285窟壁画的夹侍菩萨也完全着了飘扬的汉装。唯有中座的佛像仍是罗马式的袍子，一如犍陀罗的雕像。但是从推想的复原图看，可见衣褶的描法完全是喻意的，不是真实的。与中国汉代以来的手法仍有格格不入之势。这一位中国画家之所以勉强接受而仍固执于不改像原装，当不外力求无违于规仪的一点虔诚的心情。

中国艺术家虽然有才技高低的不同，而或多或少的都是在进行着佛教艺术的新创作活动。戴逵造丈六的无量寿佛木像和菩萨，"潜坐帐中，密听众论"，"辄加详究，积思三年，刻像乃成"。这个故事充分表示了中国艺术家在佛像制作中独创的经营和工作的严肃。

当然中国艺术家也逐渐在累积经验，并且吸取外来影响以提高自己。在戴逵父子和顾恺之后将一百年，才出现了张僧繇，绝不是偶然的。张僧繇是了解所谓"天竺旧法"会画凸凹花的。同时，据张彦远说，他"点曳斫拂，依卫夫人《笔阵图》，一点一画别是一巧，钩戟利剑森森然"，可见他更精通中国传统的线画技巧。在陈姚最书中张僧繇曾与谢赫并称，他的地位不够显著。在唐代，大家才看到了他所起的影响，才了解到他的重要。按张彦远说，隋及初唐诸家，包括郑法士、孙尚子、阎立德立本兄弟，都是张僧繇的流风余沫。这样说法可能有相当的夸张。至少，我们可以说，在吴家样未出以前，张家样广泛流布，正是把在中国传统上建立的佛教画又大大向前推进了一步。这一步与其说是张僧繇独占了天下，毋宁说是万千工匠普遍努力的共同结果，张僧繇可能只是其间比较杰出的代表者。他的推动力量较大，于是此一新样式，遂冠以他的姓氏。并不一定完全是他之所创，然后才推行天下的。

敦煌335窟，初唐时期的维摩变，就代表着成熟了的新型的中国佛教画。这一幅维摩诘与文殊雄辩的场面，真是雄大壮阔。维摩诘毫无"清羸示病之容，凭几忘言之状"，而是激动兴奋，凭几探身，他奋髯蹙额，目光炯炯，正热烈地把言语投向文殊。文殊和维摩诘四围拥满飞仙、散花和楼阁人物。位置经营上大体仍如北朝诸石刻中常见的旧例。而画面的复杂，内容的活泼，都具有崭新表现。天仙倏然自天而降，直劈画面正中，尤其增加全画的紧张。值得注意的是全幅左下方的一组参与盛会的人物。这一组人物，正是从阎立本《历代帝王图》中走出来的。一个高视阔步的帝王被一群侍臣环绕着。所谓《历代帝王图》，是自北宋嘉祐年间就被认为是阎立本笔。如果那真是阎立本笔，只不过相当于此图中作为陪衬的一角而已。此图的另一角也是一组来听热闹的远方番王。我们也记得阎立本也曾画过外国人物的，他的《西域图》和

《职贡图》都曾入藏宣和内府。就敦煌其他各窟唐代壁画中另见也有以大同小异的帝王图、番王图为一角的点缀的。这也许就是与阎立本有共同之所本。然而这一幅维摩诘变在气概上却远远超过了阎立本的名迹。而维摩诘一像与世传吴道子之笔的曲阜孔子像有相当的类似。当然在这里,我们不必因为这些类似与超过,不必因为这幅画笔墨的磊落纵逸,而进一步纠缠于它究属于张派或吴派,而其画风却无疑的属于张

（唐）阎立本《职贡图》　绢本设色　台北故宫博物院藏

彦远所说："张、吴之妙，笔才一二，像已应焉。离披点画，时见缺落"的"疏体"，与顾、陆的"密体"不同。这幅画的作者虽然失名，然而应该也是跨迈一时的雄才。在这里我们可以趁便提及，前面未曾有机会加以赞扬的一幅北魏舍身饲虎图。其画面的紧张壮烈也是一张罕见的杰作。这两幅画恰可以证明，在中国美术史上，多少被埋没的无名天才的造诣，形成了一个时代的标准。他们的成就不仅达到而且超越了过去士大夫们所深自秘惜的若干"名迹"。

敦煌壁画中属于盛唐以后以迄唐末的一部分，内容异常丰富多样，处处可见在开辟着鼎盛的宋代绘画的道路。吴道玄式的飞仙，"天衣飞扬满壁风动"（段成式《京洛寺塔记》中语）我们也看见了。飞仙的衣带飘举，表现了气流运动的方向、速度的各种情态。汉代绘画中生动的云气是无体质的，现在发展到以有体质实感的衣帛材料表现运动感和速度感。张彦远赞美吴道玄的这几句话，在若干敦煌壁画上也遇到了恰当的对象："虬须云鬓，数尺飞动。毛根出肉，力健有余。""数仞之画或自臂起，或从足先。巨壮诡怪，肤脉连结。"张萱、周昉的仕女的丰厚态度，谈皎、李凑的仕女的大髻宽衣，也都群聚在敦煌上。唐代盛行的大幅报恩经变和净土变"宝树花林全殿阁"（吐峪沟发现大历六年净土变相上题字），衬括着百十人物、花草、禽鸟，内容繁富不仅成为过去绘画成绩的总结，而且是将来分科挚行的准备。佛传图的逐节分段的故事画，精巧变化的构图形式，为后世小幅风俗人物画的先导。

现在我们且提出三部分有具体启示的图画来谈一谈。

唐明皇曾有所谓"金桥图"，据郭若虚在《图画见闻志》中所记，是嘱吴道子、韦无忝、陈闳同制。所画是"数十里间旗纛鲜华，羽卫齐肃"。《唐书·仪卫志》中本已缕述到大唐天子的威仪。金桥图中据说有桥梁山水、车舆、人物、草木、鸷鸟、器仗、帷幕、狗马、驴骡、牛羊、橐驼、猴兔、猪独，等等。《图画见闻志》又记五代时西蜀的赵温其为王建画西平王仪仗车略旌纛法物。统治者这一夸张自己的方式，也被五代时的敦煌张议潮所采用了。他和他的妻子的出游图俨然也有王者气象。这里面当然保留了若干历史和民俗的材料。但这也是横幅长卷历史故事画新形式的开始。例如后来的汉高祖入关、郭子仪单骑降虏、明皇幸蜀、虢国出游等都是以车骑仪仗为主，而陪衬上石、树、关、桥等景物的，着重在洋洋大观的博览的兴趣。如此的兴趣创自汉人，明清以来士大夫们不敢措笔，因而便被轻蔑为画匠之事了。

敦煌壁上的五台山图应该是今天仅存的一幅最古的地图，当然也就是一幅最早的山水画。大家所熟知的刘宋宗炳，他在《画山水序》中也是明白的表示他是在画地图性质的山水画："凡所游历皆图于壁。"吴道玄和李思训的三百里嘉陵江景，当然也是一种地图。五台山图，唐敬宗时吐蕃曾遣使请过。应该是和敦煌今存一幅相似的。像五台山图这一类大幅山水用以饰壁，在唐代已流行。饰于屏障办法，在五代和宋也极风行。唐诗咏屏障之画甚多。韩愈的诗："流水盘回山石转，生绢数画垂中堂。"张璪的八幅（《历代名画记》），五代时荆浩的六幅（沙门大愚乞荆浩画诗），李成的六幅（刘鳌《咏李成山水》），都可见山水幅面之大。《宣和画谱》中往往提到

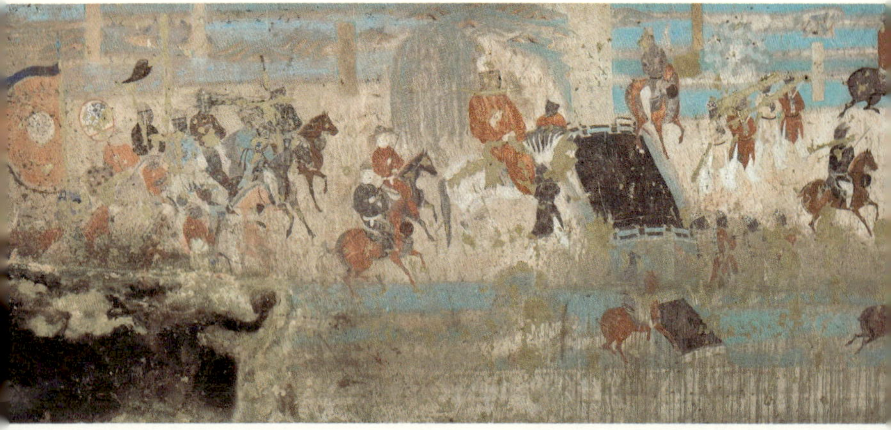

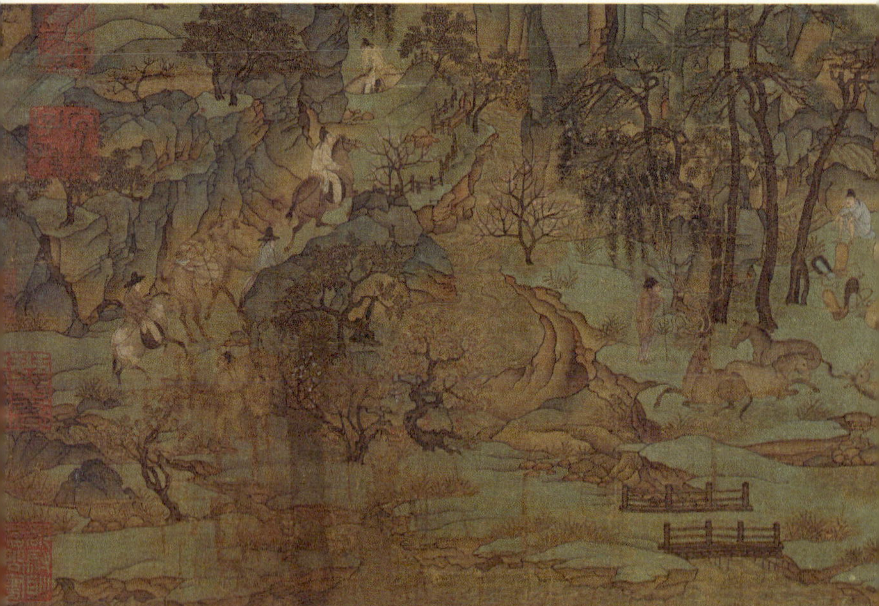

敦煌壁画张议潮归义军场景与《明皇幸蜀图》之比较

同名画迹不止一幅，应该都是前代饰壁或饰屏障故画之被揭重裱者。宋人画中每画屏风多也是山水，所以山水画自始有大山大水的传统的。这一幅五台山图是这一传统中遗留下来的一重要的完整遗例。敦煌画的佛图或其他画迹中另有作为点缀的山水景物。这些山水景物间和淡远应该是所谓的小簇法，与大山大水有别而别具一格。大山大水发展为拆散了的立轴。小簇法发展为横卷。待以山水饰纨扇的时候，两者已经合流了。

扇子上的装饰，从敦煌壁画，以及宋画中人物之所执可见，原来都是花鸟。除此以外，花鸟更是主要的装饰题材，如衣服的织染、建筑的彩画，以及大画如净土变相的角落空隙处的点缀。花鸟画正是从这种从属的地位上向着独立而发展的。唐代卷草花叶丰厚，回旋卷曲之间夹入了天仙飞禽。据常书鸿所长在敦煌所见，这种唐代卷草边饰延长丈余没有一定的图案规律。我们常见的几种唐碑边饰，恰也有同样情形。这样的随地制宜地自由调整和自由设计，正是花草画独立发展的基础。花间体文学所代表的唐末五代上层社会的奢靡生活，便准备了花鸟滋盛的园地。

以上三部分绘画，游从仪仗、山水、花鸟，都可以从敦煌画中见到唐代所孕育的宋画因素。

最后一个问题，是我们在前面曾引录张彦远所说佛画有

唐碑花纹拓片（吴文残碑侧）

曹、张、吴、周四体，而曹家样一种我们尚未谈到。郭若虚在《历代名画记》曾专论曹吴体法，西域劫不咀那国曹仲达的曹家样，在唐代俨然是与吴道玄并立的重要一体。郭氏说："雕塑铸佛亦本曹吴。"可见曹家样也入于雕刻。那么，就今日所知，曹家样似乎是天龙山唐代造像的风格，"其体稠叠而衣服紧窄"的"曹衣出水"。印度风格在敦煌壁画中当然也留下它的痕迹。许多菩萨像的丰美的肉体，酣恣如睡的神态，都成为盛唐艺术的显著特点。然而已完全融入中国画风中，修眉流眄正是传统的东亚风情。而且在线纹的描绘上，已经是吴道子的"八面生意活动""行笔磊落挥霍"的莼菜条描法，似既不是曹氏的"稠叠"，也不是来自于阗的尉迟父子的"用笔紧凑，如屈铁盘丝"。

关于用笔的法则，是中外绘画技法上的基本分界线之一。线纹的运转虽然重要，然而不能脱离追寻物象形体，否则便成为笔墨游戏的恣意涂抹。我们提出了这一点区别，却不能像后世文人画家的片面强调用笔。对于中国传统的风格，中古时代的几个绘画史家都认识明确，自谢赫以下无不屡屡提到用笔的问题。唐释彦悰虽说尉迟乙僧"笔迹洒落似中华"，也仍是以中国风格来作衡量标准的。陈姚最的《续画品》中说到三个外国比丘画家说："既华夷殊体无以定其差品。"这是明显地在华夷之间划了一条不可逾越的界限。而张彦远尽管大谈顾、陆、张、吴用笔，全书除了四十二个字以外，却不肯为曹仲达多费一点篇幅，而且特别指出他是"能画梵像"。张氏又大谈南北传授时代。其中虽多牵强，然而他的立场是明确的，追溯错综分合、连续不断的中国传统。他又曾说"传模移写乃画家末事"。他所攻讦的当然包括了外国粉本的盲目模仿者。我们知道张彦远对于中古画史有丰富见识，那么在他的好憎取舍之间，我们可以看出虽然在中古，屡屡有外国的、新鲜的事物涌入中国，我们的艺术家不可避免地在充分吸取，然而他们是承继着自己的传统，完全溶入自己的传统，变成了新的中国的，和同时的外国的仍然有所区别。这一历史经验无疑地将成为我们今日的借鉴。张彦远一方面强调传统，同时又在强调进步。敦煌壁画也充分的表现了整个中古绘画史的传统和进步。

敦煌壁画和宗教艺术反映生活的问题

敦煌莫高窟的数量巨大的魏、隋、唐、五代、北宋、元各时代的壁画、雕塑、装饰艺术和建筑艺术，是我国古代艺术的宝藏。壁画是其中的一个部分，然而是重要的一部分。这些壁画内容丰富，并代表了我国民族绘画发展上的一个重要阶段——宗教绘画的阶段。而且，和莫高窟壁画同时的，特别是南北朝和隋、唐时代，宗教绘画最发达的时期的其他绘画作品已很少，或几乎没有保存下来的了。莫高窟的壁画，如那些雕塑一样，从其中可以看出古代宗教美术的发展和现实主义艺术传统在各种矛盾的条件下，辩证地发展的具体道路；可以看出经过了宗教艺术的发展阶段，民族绘画如何从汉代的比较古拙的水平，经过不断地提高，最后达到了产生像顾闳中的《韩熙载夜宴图》那样的时代水平。——南北朝和隋、唐时代众多的艺术家就是在宗教绘画的长期劳动实践中一步步地获得了观察生活和概括生活、描写生活的艺术才能的。

莫高窟壁画为代表的宗教绘画中，现实主义之所以存在并得到发展，就是因为这些作品，固然是宗教宣传的工具，同时也是艺术地认识生活的结果。

宗教发生于生产力水平和科学认识水平都比较低下的时代，那时人们还不能真正认识自然和人生，特别是不能正确解释各种人生痛苦。宗教是在愚昧的迷雾中对于客观现实世界的、虚幻的认识，因而成为麻醉人民的鸦片烟；是为剥削社会阶级服务的上层建筑。对于宗教这一本质的认识的任何忽略都是错误的。我们现在不想一般地讨论宗教作为现实的反映的问题，而只想指出：宗教，它毕竟揭示了人民痛苦的存在和产生痛苦的某些社会原因的慧。在某些方面它触到现实生活的深处，并且成为人民群众关心的中心。经过人民群众的加工创造，就具有更充分地反映现实生活的意义。例如，一些虽然经过了过分地渲染，但以人民口头传说为基础的宗教故事，例如佛教的本生故事，其中有充满真实感情的文学描写，并且在一定程度上表现了人民的善恶判断和在痛苦生活中产生的理想和要求。甚至于在历史上我们也看见不少这样的整合，人民群众对于佛教和其他宗教都曾进行了自己的解释，成为在一定历史社会条件下用来作为动员群众起而参加斗争的口号。所以，如果说宗教经典及宗教传说中某一部分反映了现实生活，那么，其反映现实的真实程度，应该是以它们对于人民群众积极参加革新自己生活的斗争（包括起义或其他方式的斗争）的鼓舞力量来衡量的。

　　佛教经典及其传说供给佛教绘画以题材。但佛教美术的绘画和雕塑，都又经过了造形的形象化的创造过程。从敦煌莫高窟壁画可以看出：南北朝、隋、唐等时代的佛教绘画，固然根据了佛教经典及其传说,同时也是人民群众用来自现实生活的艺术形象对于宗教的内容进行解释的结果。古代艺术家在佛教绘画中的宗教主题的限制下,用艺术形象广泛地表达了自己对于现实生活的认识。

莫高窟的壁画提供了研究佛教美术的丰富的材料。从莫高窟的壁画中,我们可以看出,佛教绘画的反映现实生活,因

敦煌壁画中的建筑及歌舞

题材、时代性及表现方法而有多种差别和各种不同的复杂情况。所表达出来的现实主义的意义，各不相同的。

佛像和菩萨像无疑地都是以人的形象为依据的。但佛像和菩萨像作为现实主义的艺术创造，其主要意义就不是在于它们是直接把人当作客观对象来进行描绘。佛像和菩萨像的优秀作品的永久的艺术生命，是在根据人的形象进行创造时以体现富有积极意义的理想为目的，这个理想能够深刻地反映出为一定历史时代所要求的对于生活和美的认识。这种认识，当然是具有一定的阶级立场的。但即使是统治阶级的立场，若在一定的历史条件下，符合历史前进的方向，那么所产生的生活理想和美的理想，仍可以有积极的意义。（例如：根据许多历史学家的意见，唐朝前期便是具有这样的历史条件的时期。）在艺术上最成功的佛像或菩萨像作品，其形象既然是生动地、具体地表现着富有积极意义并体现着人民要求的理想，所以不能因为佛像或任何宗教形象不是现实生活的"如实地反映"，就否认它有成为现实主义艺术的可能性。也不能认为佛像和菩萨像的优秀作品的长处只是因为从外表上可以看出它们生动地表现了人的某些抽象的性质。特别是，在封建时代的南北朝和隋、唐社会里还不可能提出抽象的人的概念，譬如像文艺复兴时期意大利的宗教艺术所表现的那样。但是，同时也应该说明，佛像和菩萨像的创造与现实生活的联系却也不是单纯地因为它们成功地表现了一定的理想。现实主义艺术的收获以多种多样的方式进行着，在历史过程中的任何迹象都不应该忽略。

例如，莫高窟的北魏末期的壁画中，传统风格的继承与发展无疑地是艺术与现实生活的联系的一个标志。壁画中可见，时代稍早的一些佛像和菩萨的形象，由于是宗教的，又是根据了外来粉本，作外族装扮，所以，和那些渊源自汉代绘画的奔驰的马与野兽、云气、山林、峰峦以及建筑物相比，和那些后来的宗教形象相比，就是与当前现实生活的联系比较薄弱的。因而莫高窟壁画发展中的第一个重大变化，应该是乡土的新风格的形象的出现。第285窟受到重视，显然不是偶然的。285窟中的壁画作品中充满当时艺术家所创造的优美的、富有表现力的乡土风格的形象。这种新的乡土风格的宗教形象的出现，就是佛教艺术在发展中加强了与现实生活联系的一个重要事实。而且这一事实的存在，在北魏末期是带普遍性的。特别是那一脸型瘦削的菩萨像（在莫高窟第285窟和其他各地的石窟造像及造像碑都有基本同类型的作品，但艺术水平很有不同），其面部的奇妙的表情，应该认为是汉代以来，以劳动人民为范本而塑制的陶俑的微笑的发展。分明看得出其传统的关系，但眼嘴之间的神态取得了更微妙、更细腻的表现。285窟的菩萨，手指间拈了一束花枝，具有美

敦煌壁画和宗教艺术反映生活的问题　129

敦煌壁画285窟中佛像的表情及姿态

妙的表情。那眼嘴之间的表情，与手指的表情，和适当的身体姿态相配合，是艺术家刻画内心状态的凭借。从表现技巧上看，代表了深入刻画的新水平，这也是现实主义的一个发展。虽然孤立地强调这种表情的人情味，如果不把它的宗教内容的思想方向和北魏末叶的时代生活联系起来考察，那么，对于这些优秀作品也不能做出全面的估价。但这种强烈的人情味是值得赞美的，因为这些生动真实的艺术形象是根据了生活的，这是我国古代艺术家在佛教形象中运用生活知识所获致的值得重视的成功。

佛教形象的表现任务不是直接描绘现实的人的形象。但从莫高窟壁画中可以看出现实生活进一步地渗入了唐代的佛教的形象。唐代佛像和菩萨像，显然是时代生活所要求的理想的美的典型。并且，有些菩萨像逐渐服从了当时贵族社会中产生的健康的女性美的理想。以至出现了以现实生活中的人物形象直接代替了宗教形象的创造的事实。这种事实说明：现实主义的发展正在扬弃宗教艺术。而且，若与魏隋时代相比，唐代的佛教形象的类型增加了，表现范围扩大了。有典雅的佛、婉丽亲和的菩萨、勇武的天王及力士、性格明显的阿难、伽叶以及佛死以后在激烈的痛苦中，众多的佛弟子，快乐地飞翔着的或舞蹈着的飞天伎乐，等等，都是有鲜明的特点的艺术形象，其特点的表现都进一步真实具体起来。这都是艺术创造得到了更宽广的生活基础的表现。宗教形象的有鲜明特点的不同类型的增加，描绘其神态的不断深入而且生动起来，唐代发生的这种进步的事实都是宗教艺术在发展中容纳了更多的生活的真实的结果。

莫高窟的壁画可以看出宗教艺术与现实生活的联系，以及现实主义如何在成长，是需要从多方面来加以理解的。既要从思想内容上根据历史观点来加以理解，也要从艺术形象所直接表现的现实生活的广度和深度来加以理解；而技术的进步也有一定的意义。因为技术的进步是现实主义艺术深入生活、吸取生活原料的技术条件。

莫高窟壁画中的一些大幅构图就都有一定的技术上的杰出成就。尤其是唐代的一些经变，在构图、色彩及线纹等方面，都达到了新的水平。这些新的进步更便利了现实生活多样地表现在大幅经变构图中。这些经变构图都是宗教的主题，但更以发挥了富于创造性的想象见称。

这些以宗教为主题的构图是因来自生活的想象而得到丰富和充实起来。

例如西方净土变相中运用巨大的想象力组织了楼台伎乐、水树花鸟、七宝莲池等来自现实生活的美丽的事物。净土变相利用豪华的建筑物的透视造成空间广大深远的印象，而同时，那复杂丰富的画面仍非常紧凑而完整。全图中组织

132　永乐宫三清殿壁画题材试探

敦煌壁画23窟中充满现实生活气息的场景

了百余人物以及花树禽鸟成一大合奏。画幅中央部分的阿弥陀佛和池前活泼喧闹的乐舞是构图的中心，也集中地表现了宗教的，然而是欢乐的主题。因为通过那些有现实根据的美丽的事物的形象，事实上透露出来的是对于现实的物质生活的繁华富丽加以积极的赞扬与肯定的思想。这种思想虽然是与宗教信仰相结合的，然而是与主张人生寂灭、世界空虚的清净的、禁欲的思想很不同。这种净土变相出现在唐朝前期的绘画史上，成为古代的带有健康的浪漫主义色彩的重要作品，当然也是现实主义艺术道路上的重要收获。

正如净土变相在宗教题材中运用来自生活的想象创造了最大欢乐的景象，其他的经变则创造出其他各种不同的情景。涅槃变中描绘了最大的痛苦。在佛死后，他的深深陷入悲痛中的弟子们，因年龄及性格的不同，表现了各种不同的悲伤的表情。降魔变中对于各种恫吓、威胁和诱惑，以及在这些外界的强烈影响之前都不动心的最大的坚定；维摩变中对于运用理性探讨真理的论辩所引起的种种令人兴奋的异象；劳度叉斗圣变中对于敌对的不能调和的斗争，等等，都是通过宗教的主题，用淋漓尽致的、动人的想象创造了惊心动魄的构图，而表现了多方面的生活的知识。在这些构图中，可以看出艺术的想象在佛教壁画中展示了古代艺术家对于生活的观察和理解，也可以看出在这些宗教主题的作品在形象化的过程中为生活的真实形象所丰富，而在其中起了纽带作用的是来自生活的巨大的艺术的想象。

因艺术想象而现实性因素丰富起来的这些经变构图，由于都是以宗教义为最后依归的，所以，决定作品的性质的最后关键，当然仍在它们的主题思想。但同时，这些经变构图的主题思想也有在形象化的过程中丰富了起来的可能。所以，这些经变构图都应该根据具体作品和时代背景分别进行详尽的分析，分析其与现实生活的真实联系和多方面的各种联系，从而发掘出处于复杂状态中的现实主义。

宗教艺术中反映现实生活既然有其复杂性，那么，即使一些素常被称为描写生活的小幅图画，其反映现实的意义也不是单纯的。

这一些小幅画是描写了生活的，与一些佛教形象或大幅经变构图有所不同。但它们仍是穿插在幅壁画中的片段，或连续性的佛经故事画中的一个情节。这就是，虽然它们各自可以有自己的生活的主题，但一般地说，它们和若干另外的片段一道，都是服从一定的总的宗教主题的。

这些片段的小幅画的各别的生活主题和总的宗教主题之间存在着密切程度不同的从属关系。

显然地，有一些连续性的佛教故事画中个别的画幅的内容是和总的主题联系得很紧密的；如我们在展览会中见到的观经变的"未生怨"连续故事画。王子幽囚父王,母后前往探望,太子拔剑要杀害母后,父王在狱中念佛,最后有尊者自天而降。前面的许多片段,都是以引导到这一最后的结论为目的的,这一系列中的每一片段在内容中都很难得到独立的意义。但又如唐代莫高窟壁画中流行对于"十二大愿""九横死"和"十二难"等题材的描写,某些这一类的描写就是在每一小幅中描写一种苦难,在每一幅画面上没有通过形象表现佛与菩萨的施展法力,没有直接表现佛和菩萨对于苦难中的人加以救助,等等。所以在这每一单独的小幅中,生活的主题便代替了宗教的主题。但这许多小幅排成系列,或组织在佛像周围更形成一大幅构图,或绘在连续的方格中,作为大幅构图的附属部分。所以它们仍是为表达总的佛教主题服务的,仍是帮助说明药师佛和观音菩萨的法力的。虽然它们是分别地表现了苦难、不幸与佛力之无边,联系这两个思想的方法不是在形象之间建立联系,而是把若干单幅画拼凑在一起的办法。因此,较之"未生怨"的连续画,各画幅之间的联系在密切程度上,是不同的。

虽然这些小幅画的各种的生活主题和总的宗教主题之间其从属关系的密切程度不同,但是它们毕竟和独立地描写生活的绘画之间仍然有区别。

这些片段的小幅画既然是直接描写着生活的景象,从历史发展的观点上看，在选取题材方面是向现实生活更迈进了一步。但是同时不能忘记：如果描写生活，然而对于生活的真实有所歪曲，也会丧失其现实主义；而宗教内容的画也未必就没有现实主义的意义。现实主义艺术不否认题材的重要，但不把题材当作唯一的界限。我们愿意指出在连续的小幅画中，"十二大愿"等就是宗教主题而带有现实主义意义的例子。"十二大愿"是对于药师佛的"十二大愿"提出十二种热切希望的事：永远充裕，无匮乏之虞；世上不要有"丑陋、顽愚、盲、聋、瘖哑、躄躄、背偻、白痴、癫狂，种种痛苦"；各种生病的人若"无救、无归、无医、无药、无亲、无家、贫穷、多苦"，一听到药师佛的名号就能痊愈；一切受苦难的妇女都可以转女成男；"王法所录，缧缚、鞭挞、系闭牢狱，或当刑戮"都可以仗佛力解脱；饥饿的人可以得食；贫无衣服，为蚊虻寒热所苦的人都得到衣服；等等。又有"九横死"，提出希望避免的九种痛苦的死：为医卜所害，横被王法诛戮，逸乐过度，火焚，水溺，恶兽所噉，横堕山崖，中毒，饿死。《法华经》的《观音普门品》中也提出十二种相类似的灾难，都可以因观音菩萨的救助而幸免。这些在莫高窟壁画中得到了表现的十二大愿、九横死、十二难等，其中一部分是产生于自然的原因，但有一部分就是剥削社会的必然产物，如贫穷、王法、刑戮、恶人等。古人对于这些可诅咒的事，知道加以诅咒，而

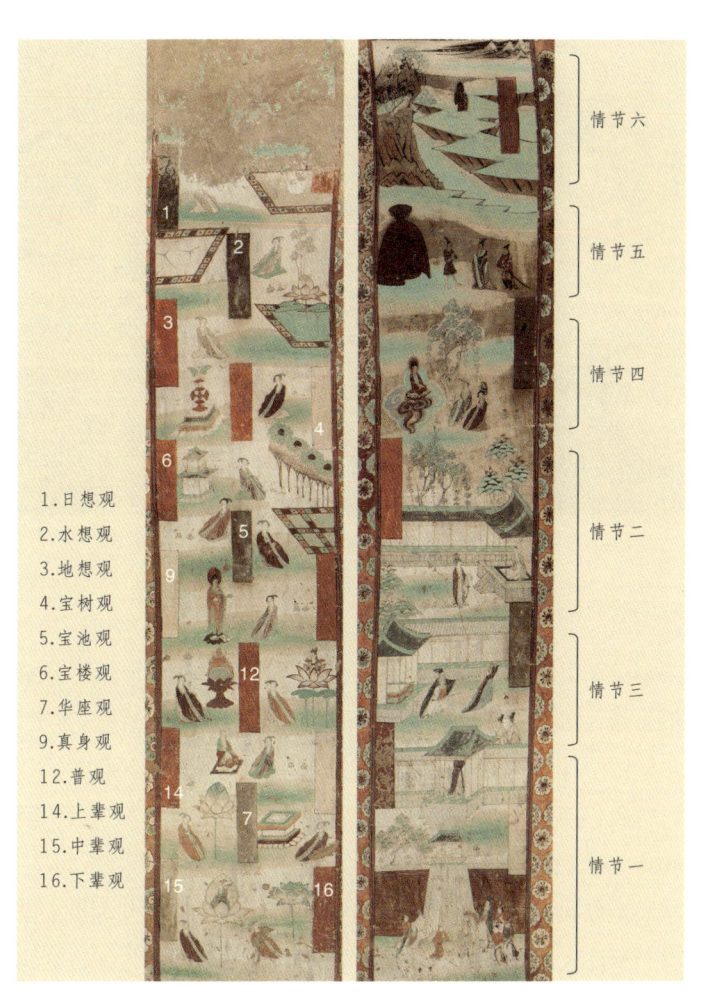

敦煌壁画和宗教艺术反映生活的问题　137

1. 日想观
2. 水想观
3. 地想观
4. 宝树观
5. 宝池观
6. 宝楼观
7. 华座观
9. 真身观
12. 普观
14. 上辈观
15. 中辈观
16. 下辈观

情节六
情节五
情节四
情节二
情节三
情节一

榆林窟壁画中的"十二愿"和"十六观"

敦煌壁画23窟中耕作场景

未加分析,但确是把佛和菩萨当作了一种力量,居然可以抗拒王法,可以帮助人摆脱贫穷和其他社会罪恶所造成的苦难。在壁画中那每一小幅就是描写各种不幸和苦难图画了。

我们现在不想一般地比较这种小幅画作为描写生活的画和作为宗教画的不同的现实主义意义。我们所要分析的是:从民族绘画的发展过程中表现生活的趋势日益增长的事实出发,来看这一类小幅的作为描写生活的画面和作为宗教画两者的关系。这些小幅画作为描写生活的艺术,重要的问题是

敦煌壁画窟舟渡场景

它们是否充分地发掘出了生活的真实内容，还只是作了表现的描绘。因为，如果能够充分发掘了生活的内容，就具有更多的现实主义精神，也获得了较大的艺术完整性和独立的意义。

在佛教壁画中，尤其在故事性的绘画中，生活的景象在表达故事情节时是必需的。莫高窟壁画中，可以看出，魏、隋之际的一些表现释迦牟尼生平，或其他故事画中出现很多生活现象的具体描写，如战斗、角觝、射箭、牛车、马车、队骑、饮驼、取水、舟渡、修建、捕鱼、耕作、火葬、屠宰，等等，都很简单而有真实感。甚至像厕所等不雅洁的景象也能出现在庄严的佛教壁画中。充满这些生活现象的具体描写的佛教故事画，就比其以前缺乏这些穿插的要丰富多了，要更接近了现实生活。但是魏、隋之际的作品也还不能如唐代壁画中那样生动有趣。唐代壁画中一些生活的图画中，场面、情节处理比较更完整，也包含更多有生活根据的具体细节。例如："得医图"中，户内床上的少妇和抱了幼儿的侍女两人的主仆身份和关系都很简单，然而很明确地表现了出来，户外的医生的身态也恰合身份。"行旅休息图"中马在地上打滚，表现休息的主题就很有效。"挤奶图"中小牛拒绝被强迫牵开，而产生了情节和冲突，使挤牛奶的平凡行为增加了戏剧性。"树下弹筝"是情调极其优美的爱情场面。像这样的生活小品画中都可以看出画家对于生活的精细的观察，真切的了解与细致的感受。这样的小幅画以寥寥不多的笔墨表现生活的主题收到比较深入的效果，更具有艺术的完整性。所以就具有较大的独立性。莫高窟壁画中这种内容完整而表现生动的生活主题的小画中所呈现的对于生活的了解和对于艺术的了解，以及艺术技巧上的成就，的确孕育了生活的艺术将代替宗教的艺术那样的前途。在生活小景的图画中对于一般的现象描写和生动而深入的表现加以适当地区别，将是更合乎现实主义艺术的原则的。

以上只是谈了关于在莫高窟的佛教壁画中，现实生活怎样得到了反映的问题的一个方面和若干基本的观点。通过宗教艺术的阶段，现实主义传统得到发展的问题，是需要从许多方面进行研究的。例如，在此发展中，人民群众起了怎样的作用的问题，就是重要问题之一。如果我们记得东晋时代名戴逵造了丈六的高大的木像以后，自己藏在帷幕中窃听群众的意见，然后反复思考，进行修改，三年才完成的故事；以及唐代的名画家周昉画了佛像的草样，就根据群众意见修正，参观者达万人，他的修改进行了一个月，到没有意见为止的故事；我们可以想到，这些故事固然可以说明古代优秀的艺术家的虚心而严肃的工作态度，也可以作为例证，具体说明，人民群众的要求，通过艺术家的创造，得到符合一定的时代水平的反映。如此形成的佛教绘画和雕塑就是一定历史时代人民群众精神面貌的揭示者，因而也就透露了时代生活的真实。所以，我们说，佛教艺术是艺术地认识生活的结果，是人民群众用艺术形象对于宗教内容进行解释的结果。了解在劳动和斗争中的古代人民的愿望和要求，将是了解古代宗教艺术的关键。

附录

出土古文物与美术史的研究

我国有悠久的历史传统，所以我国劳动人民世世代代所劳动、生息、繁殖于其上的广大土地的地面上和地面下都保存了无数的古代文化历史遗物。在反动统治时代，这些文化遗物一向是被盗窃和掠夺的对象，而它们之得到真正的重视是在回到人民手中之后。中华人民共和国成立以后由于各级地方政府正确地执行了中央人民政府的保护古文物的政策，逐渐肃清了盗掘及破坏等不法活动。同时，在为了经济恢复所进行的许多建设工程中，也发现了不少重要的古代文化遗物。1953年起，我们进入了有计划的经济建设时期，全国各地区的大规模的基本建设工程的展开就使数量更大的地下古代文化遗址和古代墓葬陆续被发掘出来了。历年来配合经济建设进行的考古发掘和整理工作的重要收获，最近集中到北京，由中央人民政府文化部主办了"全国出土文物展览会"。这一个展览会将推动进一步贯彻中央人民政府保护古文物的政策，并普遍宣传对于古文物的历史价值的正确认识，以进行爱国主义教育。

这次展览会明显地告诉了我们：我国地下埋藏的古代的文化遗物是很丰富的。现在大规模的经济建设只不过刚刚开始，然而只要是有基本建设工程进行的地方大多有古文物出土。例如：有名的重工业基地之一的鞍山地区，在历史上一向是被认作僻远的边地，但也发现了汉代等坟墓一千多座。至于一些历代著名的都市成都、太原、洛阳、西安、郑州、长沙、杭州、衡阳、广州等，因为一向是人文荟萃之地，在这些都市附近进行的都市建设和建厂工作中都有大批古文物出土。长沙附近曾清理过一千多座墓葬（主要是战国和西汉时代的），西安一带发现的古墓竟达一万多座。我们的首都北京在过去几年中也陆续在城外、城内，甚至市中心区，都发掘出不少有助于说明这一伟大城市的历史的、自汉至明的历代文物。而近年来进行的几项规模较大的建设事业，如成渝、宝成、兰新等铁路工程，治淮、导沂等水利工程，也都有重要的发现。这一切发现，在展览会中可以看出，为更好地了解我们祖国的光辉的过去提供了许多新的有力的材料。

我们无庸一一烦述全部有重要历史价值的文物的名目，及其在说明我国古代历史和文化发展过程方面的作用。这一切将会在专门家的研究工作中和进一步的发掘整理工作中得到阐明。只因为其中有很大一部分是具有一定的艺术价值的，我们将特别注意到它们在美术遗产的学习方面的意义。

基本建设中出土的古文物，无疑地为美术史的研究提供了很多新鲜的非常有价值的材料。

在出土文物展览会中，作为美术史的材料，比较重要的

（战国）佚名《人物龙凤帛画》　绢本水墨　湖南省博物馆藏

一部分，除了长沙出土的"楚"文物以外，是许多绘画性的和雕塑性的美术品。因为在美术史的发展中，虽然工艺美术在中国有特殊的意义，但占主要地位的仍是绘画和雕塑两种艺术。

长沙附近在过去出土的有制作精美、彩画富丽的漆器，制作单纯然而很生动的木俑，黝黑光亮、花纹精致的铜镜等。去年为了纪念古代伟大诗人屈原而举行的"楚文物展览"中已经介绍过长沙出土的若干重要发现，其中有些不容轻易忘记的，例如那一方帛画，绘有人物的彩画漆奁，以及色彩和图案有眩目的美丽的效果的漆盘、漆盾，等等。但不断的新的发现仍在继续扩大我们对于战国时代文化艺术的认识。这一次又展出了更多的木俑、铜镜、木简和临摹的漆器图案等。尤其展出了一条镂空的雕花木板，值得我们注意。且不论其图案结构充分发挥了战国时代图案的巧妙穿绕，富有层次变化和虚实相映的效果，其雕镂的精确严谨完全可以说明当时木工工艺所已经达到的技艺水平。这一次与长沙出土物并列展出的有衡阳和广州的时代相近的出土物，三地出土物特别是古代陶器的器形和装饰等，也表现了彼此的关联性。

在这次展览会中与绘画艺术有关的展出品中，按照时代的顺序，我们首先注意到长沙和衡阳出土的漆器上彩画的摹本。那上面画着的有被云气所围绕、顺了风势而翻飞的鹤和神人，在地上争食的对鹤，用弓箭射野兽的人和手执长矛向着迎面闯来的野兽进行搏斗的人，等等。在漆器上进行了这样的装绘的战国或汉代的工艺家，不仅擅长用很简单的方法表现人和动物的形态，而且很懂得构图的巧妙运用。在这些表现了一定的动作姿态的人和兽等形象四围留出了足够的空间，使飞翔、射猎、搏斗等动作的真实感能够更充分地表达了出来。

另外，我们也注意到了白沙水库发现的空心砖上的射猎图像。相同的题材内容和相同的活泼动态的表现就把这一时代可能较晚的绘画史资料，和湖南漆器上的彩画联系了起来。这些片断的材料都可以说明从西汉初年到东汉末年绘画中表现各种活泼的动态，得到了稳固的发展：风和云气的飘扬流转、动物的奔驰、鸟的飞翔、人的各种迅捷而激烈的动作，等等。

河北望都的汉墓壁画，山东沂南和福山汉墓的画像石和四川成都扬子山、站东乡青杠坡以及德阳等地的画像石和画像砖，也能说明汉代绘画这一特长。但这些作品在一起，尤其增加了我们对于汉代绘画艺术水平的新认识。

河北望都汉墓中的彩绘壁画是汉代画家留下的大幅亲笔画迹。这样的真正的大幅画迹保留到近二千年后的今天的是非常稀少的，我们知道，作为坟墓壁画，曾在东北发现过几处。这一次望都的发现，对于关内更多的发现，无疑地燃起了希望。这次展览出来的摹本尚非发现的壁画的全貌，它的个别形象的风格表现和技法特点可以看出与我们所熟知的汉代画像（以武氏祠等代表的）有很大距离。例如在"下贼曹"（应作"门下贼曹"，失落"门"字）的形象中，画家能够合理地、正确地从左前侧方再现了一个人的揖拜动作的姿态，而且合理地描出了宽大的衣裳因动作而产生的折纹，左侧所佩的长剑的倾斜也是很恰当的。并且我们还清楚看出了他的脸

上的表情。关于面部表情的刻画，我们更惊讶于"辟车伍伯八人"一幅中隶卒的发须飞动的紧张的面容。这一切都引起我们的重视，并不是因为它们是了不起的杰作，而只是因为这是我们第一次见到的如此成熟的表现。

山东沂南汉墓中的画像石和这个汉墓墓室构造都有一般汉代的时代特征外，也有一些新鲜的意义。展览会中完整地介绍出来的两幅沂南汉墓画像石，一张的内容以马戏、杂技、乐舞为主，一张被认为是描写庙堂中献祭的情形的。虽然题

沂南汉墓中室南壁横额东段画像

材方面没有完全超出一般汉代绘画的范围，但这样繁复而且首尾完整地组织在一个大幅画面上，就发挥了当时绘画的最大的才能。其中各别的形象，尤其在奔驰的马背上的表演等，和展览会中用片断的方法另外介绍的一些沂南汉墓画像石的若干神话幻想的形象一样，都是动作异常活泼、充满跃动着的生命的力量的。这也与我们所熟知的武氏祠一型的画像石的静止的装饰风大不相同。所以沂南画像石的发现有助于我们认识汉代艺术中企图表现活泼的动态是普遍的现象，山东的画像石并不全部例外。

过去曾发现过的一些河南南阳的汉画像石和少数四川的汉画像砖都曾以生动的表现引起注意。现在我们见到了更多杰出的四川的汉代画像石和画像砖。四川汉墓构造的介绍帮助我们了解到多块画像石可以组成全幅图画的完整的意义，例如车骑队列的全部的组织。这些画像石和画像砖有一部分固然在题材选择上仍是常见的车骑、楼阁、乐舞、神人等。但表现的活泼有力则是罕见的。例如，成都站东乡青杠坡第三号汉墓中发现的画像砖中"骑吹"一幅，是六骑一组在奏着音乐徐缓地行进，坐骑挪动步子的时候也摇着尾巴。而"骑吏"一幅是四个人骑了四匹马，奔驰前进，四匹马以四种不同的动作表现了矫健的神态。一匹马昂首直前；一匹马偶而失蹄坐下，正在奋力一跃而起；一匹马用力扭转头颈像要挣脱

成都曾家包汉墓画像石中酿酒饲马场景

羁绊；另一匹昂奋地举起了前身，如发出嘶叫。四川画像砖中表现人的动作也同样获得显著的成功，除了歌舞等场面外，我们又见到那袖子退到手肘上，双手捧起了太阳（？）的神人。那一神人的衣衫和躯体有统一的动荡的节奏，可见汉代画家已经擅长利用描写衣服的飘扬以表现动作的方法。另外更有一些画像砖在题材内容上也是完全新颖的，例如成都和德阳一带出土的一方一方的砖上分别表现渔猎、收割、荷塘、盐井生产、双鹤在闲踱着的庭院、杨柳垂出墙外的门阙等，都有完善的构图。无论表现的是什么，每一方都成为紧凑而又鲜明的片段。

四川的画像石和画像砖之间出现了真正能够说明汉代绘画艺术成就的代表性作品；并且在人物、动作的描写方面使望都汉画不至成为孤例。

由于在以上所谈到的这些有关汉代绘画艺术的出土物中可以看出当时绘画的进步水平，而展览会中展出的汉代雕塑艺术的出土物的优美表现也是完全可以理解的了。例如，河北望都县和建国县出土的陶狗、陶猪，外形单纯洗练而富有生命的感觉。四川的那一匹天真活泼的陶马，俨然是一个充溢欢乐的感情的年青的生命。我们惊叹于古代艺术家如何以体会幼小者的稚趣的爱怜的感情，创造了这一匹小马。四川的陶俑特别富于风趣。成都站东乡出土的鼓瑟高歌的快乐的人，处理得那样纯朴自如而真实。但最精微动人的表现是那几个陶俑的头部（我们且不去研究那奇异的头饰和耳饰），嘴角眼角泛着轻微的笑容，是发自内心的、真正愉悦而恬美的表情，这样的表情使这一部分俑头有了永久的动人的力量。

这样的优秀的汉代作品完全可以说明汉代的雕塑家能够领会到雕塑艺术的最高任务是通过外形的塑造以传达出一些属于内在性质的事物。

这次展览会使我们深信，古代美术史的研究会因出土物的增加而日益充实起来。这次展览会中提供的汉代美术史材料可以进一步地肯定了汉代美术在现实主义的道路上稳固地发展着的趋势，并且，这次展览会对于其他时代的美术发展也提供了罕见的、重要的材料。

河北曲阳修德寺废址发现的大批白石佛教雕像，据说总数达二千余座。就展出的一部分看，其中很有一些成功的作品，修养有素的古代匠师在冷而硬的洁白的石头中间注入了生命，使之呈现滑腻、柔软而温暖的肉的感觉。出土情况与之相似的是成都万佛寺废址上发现的百余件红砂石的佛教雕刻。两者时代相同，都是六朝到唐代中叶，前后不足四百年间的作品，大约是唐武宗会昌废佛之际被埋弃在地下的。这些佛像在风格上的表现是与我们已有的知识完全符合的。可贵的是它们都是大量的、系统的研究资料，可以按照铭文年代排出时代的顺序，使之很自然地便表现出演变的踪迹。曲阳和成都在地理上一南一北，从比较研究中探讨佛像雕刻艺术的地域差别与时代特征，也有方便的条件。例如，我们偶尔注意展览会中有两座菩萨像都是镌刊着公元548年年号的作品，虽不一定就都是这一年所作，但可想相去不远。一件是成都出土梁中大同三年的观音像，一件是曲阳出土的东魏武定六年五月张庆和造观音像。我们应该承认，这两座菩萨无论是面型、全身比例和衣褶处理，给人的总的印象都是那样的相似，因此当我们想到曲阳和成都两地千里阻隔，尤其在政治上已长期分隶不同的统治，我们感觉这是一个有兴趣的历史问题。我们相信，类似这样的有兴趣的问题会在这两批石像之间不断出现，就像一定会有很多无比精美的古代雕刻杰作会在这两批石像之间最后被选择出来一样。

西安及其附近发现的北魏、周、隋、唐各代坟墓中殉葬用的带彩和带釉的陶俑和元代的黑色陶俑,也都是以其完整成套,所以特别可贵。因为完整成套的陶俑可以更好地帮助历史学家了解这些艺术作品,以之作为根据的社会制度和生活状况。陶俑的艺术价值在于它的生动而鲜明的形象性,但作为现实主义的艺术就保存了忠实地记录生活的作用的。正

郫县一号石棺画像石中宴乐杂技场景

如白沙水库出土的宋墓壁画，一方面可视为宋代的绘画作品，一方面也可以视为宋代地主阶级家庭生活（宴乐等）和剥削生活（收租）的写照。尤其后一点使这一艺术技巧并不太高的壁画作品有其自己的价值。

关于西安一带陶俑的出土，特别是北周杜欢墓中不仅有成组的陶俑，而且有墓志和壁画，墓志的年代是建德七年（578）。此外北周段威墓中也有陶俑和墓志，墓志的年代是开皇十五年（595），但无壁画。杜欢墓中的壁画令人联想到敦煌壁画中的某些隋代的供养人。——古文物在出土以后还能够使人见到全部相关的材料，这就是科学的发掘之有别于过去的"掘宝"。因为唯有完整的资料才可以获致更准确可靠的历史认识。例如，有了墓志，陶俑和壁画就有了确实可据的年代。那些与同时出土的墓志相散失的出土物，如果更无其他可据以考订准确年代的相伴的出土物，就将大大减低了科学的价值。

咸阳底张湾工地出土的唐墓壁画和一些陶俑是配合经济建设所进行的考古发掘工作中最重要的收获的一部分。

唐代绘画，我们虽然已经有了敦煌洞窟的宝库和一部分数量虽少但极精美的传世的画卷。但更多的材料，尤其是在性质上像底张湾的唐墓壁画那样，与盛唐时期的文化和政治中心的长安的绘画艺术直接相关的材料，仍是有需要的。底张湾四号墓中所绘的女侍们,有一人左手擎了一鸟,右手捉握了自己的帔巾的回首反顾的从容姿态,不因笔墨的褪落而减色。在技法上,描绘衣裙褶纹,只用那样寥寥数笔,便勾出了人体的动态和体积感,令人不能不赞叹画家笔下单线勾勒的无比精炼的效果。因为画家深思熟虑地了解了哪些是组成物象的主要的基本的线纹,哪些是非必要的偶然的线条。画家抓住了前者,节删了后者,所以虽是运用少量简单的线,也能够独立地达成真实描绘物象的任务。又如残存在底张湾六号墓的一块断片上的一个人物的面相,就不只是用单线勾出物象,而是寥寥数笔便告诉了我们,这是一个普通的中年人,而且是带着很受过一点生活的磨炼,心情不是经常轻松愉快的表情的。六号墓的另一残片上可以看出是一组繁密柔细的线纹,在这一组线纹中浮现出来的是属于一个迎着微风在徐缓地走动着的妇女的,质料薄而软的裙裾。因为这些壁画都是片段的,进一步讨论它们的重要的艺术意义是困难的。但,除了它们的历史价值(特别是美术史上的价值)外,只就它们提炼形象方面所达到的精炼简洁程度而言,我们更认识到了唐代画家的真正才能。

山西太原发现的赵澄墓也有壁画(万岁登封元年,696)。这就说明今后各地会有更多的发现的可能。

展出的底张湾工地出土的一对大型的陶俑值得特别注

意。这两个陶俑（一个小吏和一个家奴）给人的印象是庸俗而又愚蠢的。我们不能说古代艺术家塑造这两个形象时有多少有意识的成分，但事实上却使人引起对于封建社会中脑满肠肥的猾吏和恶奴的鄙视和憎恶的感情。因此这两个陶俑在展出的全部陶俑的行列中就是比较特殊的。它们已经超出了一般唐代陶俑之真实地、生动地表现一定的动作，甚至优美的或富有感情内容的姿态等，它们以另一种方式，较深刻地反映了社会现实。

同时，一般的唐代的陶俑也仍是应该予以充分地注意的，因为真实而生动地表现了一定的动作或姿态，也依然是在长时期的历史发展中积累了一定的艺术经验之后，才可能出现的新的创作成就。

在基本建设工程中出土的古代美术品，由于范围的广泛，其中一定有一些是异常精彩，具有高度艺术价值的，如前面所曾涉及的，但不可能每一件都如此。大多数的作品是一般的，而有普遍的代表性的意义。我们知道我们的民族美术传统是积数千年之久才逐渐形成的。历代的无名的和有名的勤劳的艺术家们都贡献了他们的聪明和努力。他们在一定的历史条件和其他社会条件的限制之下，或多或少地、正面或侧面地用这样的方式或那样的方式，在完成他们的反映现实的艺术使命，并积累了丰富的艺术经验。

为什么汉代美术家那样缺乏科学的技法知识,而仍能充分地表现活泼的动态?为什么唐代美术家能那样简洁地创造异常精炼而鲜明的形象?不能不承认他们的成功的表现最大的依据,是对于生活的熟悉和对于自己技巧的熟悉。

有很多我们在面前谈到的作品都对于说明这一问题有帮助。此外,例如洛阳出土的汉代用泥条捏成的一个倒立的人形和一个箕坐扬起手臂的人形,长仅寸余,塑造非常简率,而生动活泼,异常真实。它们的真实感就产生于古代艺术家是熟练地表现了自己所熟悉的东西,他能抓住形成动态的主要形态和节奏,直接用单纯而有力的形式表现了出来。

所以,如果我们在注意古代美术品的艺术性的评价的同时,也能够体会到古代艺术家在从事现实主义的艺术创造时表现出来的长处——对于生活的熟悉和对于技巧的熟悉,那么,某些看来似乎平常的古代美术品不是也有值得学习的深刻的意义么?

此外,也可以提出来的是:出土的古文物和古美术品可以从许多不同的方面丰富着我们的历史知识和美术史知识。这一作用我们也应该重视。

例如,彩陶和黑陶是原始社会时代的主要文化遗物,而同时,如果也作那一时代的有代表性的美术品,那么学习工艺史和美术史的人就不得不像古史学家一样,对于这一次展

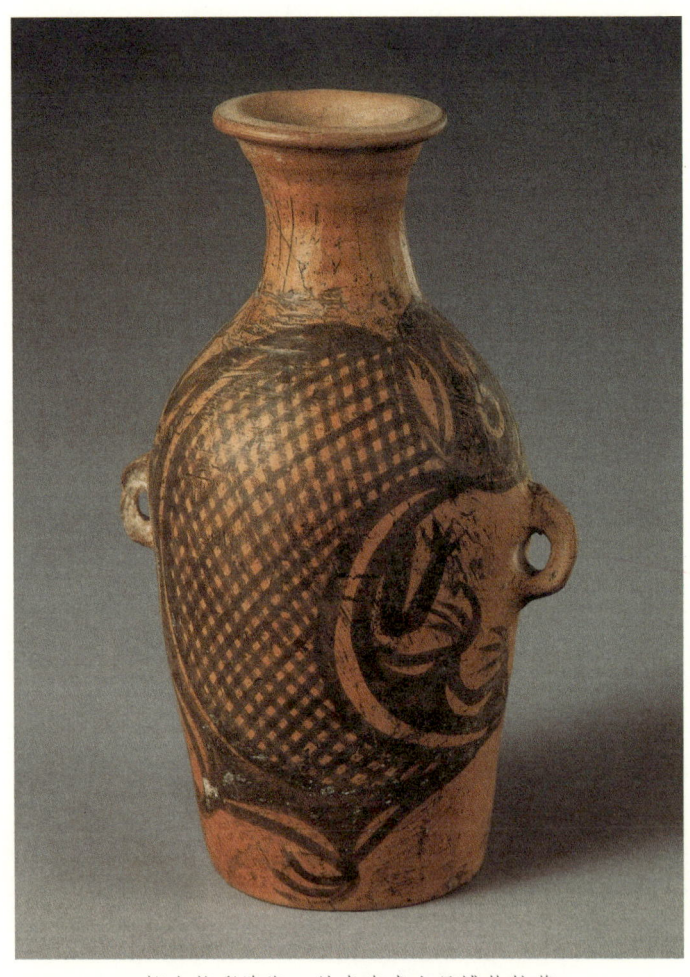

162　永乐宫三清殿壁画题材试探

鲵鱼纹彩陶瓶　甘肃省武山县博物馆藏

出的许多地区的新发现也应发生莫大的兴趣。一个要求学习美术遗产的人可以对于巨像化石只有一般的科学常识的兴趣，可以对于修建成渝铁路时发现的十万年之前的"资阳人"头骨化石，对于山西的旧石器、松江省的倭肯哈达洞穴文化，只有一般的历史的兴趣；但对于新石器时代的某些遗物就应该开始给予足够的注意。彩陶和黑陶的碎片，因为只是碎片，就不像我们平日所见的那些完整的瓶和罐一样，以坚实的造型或结构巧妙的装饰图案引起我们的赞叹，然而这些碎片的发现大大充实了我们关于彩陶和黑陶的分布地区及相互关联等历史发展方面的知识。这些知识应该也是美术史的一部分。彩陶和黑陶只不过是一个例证，说明即使是一些碎瓦片，对于美术遗产的学习也是有关系的。展览会中一些工艺美术史上的材料多是带有这样的意义的。

展出的古代工艺品中有很多是风采动人或制作精美的，例如板桥水库出土五代的绿斑陶罐，杭州出土的宋瓷和宋代漆器，西安出土的汉代"宝氏银匜"等。有许多容易引起注意，也有加深我们历史认识的作用，例如唐山和郏县出土的铜器。但很多在陶瓷史上有重要价值的资料，乍一看，不过是些平常的瓶、罐、杯、盘之类，风格朴素，一般地说外貌上没有什么特殊诱人的特点。但这些材料提出了无数的新鲜的问题。例如，殷代的釉陶（郑州二里岗出土），周代的釉陶（洛阳合作社出土),晋代的"缥瓷"(宜兴出土),湖南的唐宋时代的"岳州窑",四川的六朝陶瓷和宋代的"蜀窑"影青,广东的唐代青瓷,衡阳和广东发现陶器上的透明青釉和灰蓝色失透釉,等等。在这里,我们不想进入专门的、带技术性的问题的讨论,只想重复指出学习美术遗产不能不顾历史。对于古代美术品的正确认识,如果不包括有关它们的历史知识,将是不可思议的。我们学习美术遗产,首先是要对于具体的古代美术作品有衷心的喜爱,但不能忽略历史的知识。

基本建设中出土的古文物和古美术品,因为它们本身就是历史发展的过程的一部分,所以就有增广知识和扩大眼界的作用。系统地学习已整理过的美术遗产当然是重要的。但我们也认识到,我们的遗产的科学整理工作还不过刚开始,尚待从考古及发掘方面获得更多的资料,以补文献材料和传世的材料之不足,而扩大研究工作的科学基础。各地不仅有基本建设中出土的地下文物,而且也有地上的文物(庙宇建筑,庙宇中的塑像、壁画,建筑物上的彩画、石雕装饰等,民间各种从前的和现在的工艺品等),都是我们不可轻易放过的学习对象。如果我们学习美术遗产的热忱中,同时包括了对于古文物和考古发掘的关心,就会经常地增加了我们接触美术遗产的机会。